なるにはBOOKS
別巻

学校図書館は カラフルな 学びの場

松田ユリ子 著

ぺりかん社

はじめに

私は学校司書だ。少し親しくなると、生徒はお約束《やくそく》のように私に尋《たず》ねる。

「ねぇ、先生って先生なの?」

「先生じゃなくて、司書だよ」

「は? ししょう? ぎゃははは、誰《だれ》の?」

「師匠《ししょう》じゃなくて、司書!」

「へ? 何それ?」

このやりとりが何度くり返されたことだろう。あるいは、

「ねぇ、毎日暇《ひま》でしょ? 何やってんの?」

「いやいや、めっちゃ忙《いそが》しいから!」

「うそだ〜」

「あのさ、コンビニをさ、一人で回すことを想像してごらんよ。それって暇《ひま》だと思う?」

「それはムリ!」

「この図書館を一人で回すのは、ちょっとそれと似てるかもしれない」

「へー、じゃあ大変だね」

学校図書館とコンビニエンスストアの基本的な使命が違うことは百も承知だ。ただ、生徒が想像できうる身近なたとえがコンビニというわけだ。これはスーパーマーケットや百円ショップでは伝わらない。コンビニの、宅配便やチケット販売《はんばい》の代理店業務、各種支払いや受け取り、コピーやファクシミリサービス、銀行、郵便局《ゆうびんきょく》や区役所のサービス、イートインやサンデー・マーケットなどの、単に仕入れたものを売る以外に発揮されている多機能ぶりが、学校図書館のルーチンワークに少しだけ近いからだ。

学校図書館の多機能性を毎日便利に享受《きょうじゅ》している生徒にとって、それはあたりまえ過ぎて、それを支える学校司書の仕事には気付かない。前述のような生徒の素朴《そぼく》な質問に向き合うこと自体、学校司書の大切な仕事のひとつだということにも、生徒は気がつかない。でも、それでいいのだ！　学校図書館は、学びのインフラだからだ。あってあたりまえの便利さを、まずは思い切り享受《きょうじゅ》してほしい。それでこそ、ないことの不毛さに気付くことができる。

この本には、生徒たちに冒頭のように尋《たず》ねられた時に、本当はここまで話したいなぁと思ってきたことを書いた。学校図書館の多機能性についてもふれているが、焦点《しょうてん》は、そうした学校図書館が育む学びの多様性と可能性についてである。そのような多様な学びを、本書では「カラフルな学び」と表現している。

1章では、学校図書館における生徒や教職員の学びのエピソードを9つ紹介《しょうかい》している。

2章では、学校図書館における学びとは何か、エピソードを踏《ふ》まえた9つの学びのヒントを通して考え、学びを育むためにはどうすればいいかについて、方法を紹介《しょうかい》する。

3章では、さまざまな年代の卒業生や教職員からのコメントを通して、あらためて学校図書館における学びと学校図書館の使命について考える。

この本は、学校図書館と学びについて考えたい方々を読者に想定している。また、学びを育むために学校図書館はどうあるべきかを検討することの中には、学校図書館の環境《かんきょう》や居心地について考えることも含《ふく》まれる。そういう意味では、場所としての学校図書館について考えたい人にとっても、役に立つはずである。

本書は、中高生向けシリーズの一冊ではあるが、中高生だけでなく、より幅広《はばひろ》い方々にも読んでいただきたく、敢《あ》えて中高生に語りかけるような言い回しを避けた。なお、学校図書館に関する専門性を持ち、学校図書館に専任で働く職員の表記を、「学校司書」に統一した。

学校図書館はカラフルな学びの場　目次

2章 カラフルな学びの場になるための方法

[3章]

学校図書館と生涯にわたる学び

※本書に登場する方々の所属等は、取材時のものです。

[装幀]図工室 [カバーイラスト]ナツコ・ムーン [本文写真提供]松田ユリ子

「なるにはBOOKS別巻」を手に取ってくれたあなたへ

「なるにはBOOKS」は、働くことの魅力《みりょく》を伝えたくて、たくさんの職業について紹介《しょうかい》してきました。「別巻」では、社会に出る時に身につけておいてほしいこと、悩《なや》みを解決する手立てになりそうなことなどを、テーマごとに一冊の本としてまとめています。

読み終わった時、悩《なや》んでいたことへの解決策に、ふと気がつくかもしれません。世の中を少しだけ、違《ちが》った目で見られるようになるかもしれません。

本の中であなたが気になった言葉は、先生やまわりにいる大人たちがあなたに贈《おく》ってくれた言葉とは、また違《ちが》うものだったかもしれません。

この本は、中学生・高校生のみなさんに向けて書かれた本ですが、幅広《はばひろ》い世代の方々にも手に取ってほしいという思いを込《こ》めてつくっています。

どんな道へ進むかはあなたしだいです。「なるにはBOOKS」を読んで、その一歩を踏《ふ》み出してみてください。

1章

エピソード

学校図書館の学びはカラフル！

エピソード 1 music on

アーティストへの質問企画から雑誌ができるまで

＊神《か》奈《な》川《がわ》県《けん》立《りつ》柿《かき》生《お》高《こう》等《とう》学《がっ》校《こう》

文化祭に参加する

１９８３年、思いがけず高校で働くことになって、高校時代から大好きだった文化祭は、毎年の「仕事」になった。図書館としての文化祭参加は図書委員会による「古本市」が定番で、学校司書になって数年は、定番の範《はん》疇《ちゅう》で工夫をしていた。

けれどそのうち、図書館をよく利用していた3年生のなかから、クラスを超《こ》えた友人とグループを組んで歌とダンスのパフォーマンスをやりたい生徒たちと、ＤＪの技を披露《ひろう》したい生徒が現れてきた。図書館としてこの有志企《き》画《かく》をバックアップしたことが、その後図書委員会にとらわれないイベントづくりをするきっかけになった。

＊現在の麻生総合高等学校。本書内では柿生高校と表記します。

翌年も、図書委員ではない3年生の有志生徒企画《きかく》による「ブルースの部屋」をつくった。「ブルースの部屋」では、ポスターやグッズのコレクションで部屋を埋《う》め尽《つ》くし、書籍《しょせき》、雑誌記事の切り抜《ぬ》き、レコード、楽器など関連資料の展示を行い、新旧のブルースを流し続けた。そうして3年目になると、文化祭でやりたい企画《きかく》をもって図書委員になる生徒が出てくるようになった。

図書委員会プレゼンツ「ロックの部屋」

あべちゃんは、2年生の時「ブルースの部屋」を見て、3年生最後の文化祭で「ロックの部屋」をやるべく仲間を引き連れて図書委員になったという。そのメンバーで、9月の文化祭に向けて、4月から毎日のように図書準備室でおしゃべりしていたのだが、そこから、「自分が好きなミュージシャンにアンケートしてみよう」という企画《きかく》が生まれた。

ミュージシャンだけではなくて、ロック好きの作家さんとかもありじゃない？　と、たまたま来館しておしゃべりの輪に加わっているコアメンバー以外の生徒たちからも意見が出る。楽しい雰囲気《ふんいき》だが、わくわくするアイデアをどう実現させるか、議論は真剣《しんけん》だ。

インターネットがない時代のこと、アンケートはすべて郵送だ。しかし、郵送代にかけられる予算は限られている。The Beatles《ザ・ビートルズ》 と Led Zeppelin《レッド・ツエッペリン》 の生きているメンバーもぜひに！　というような大風呂敷《おおぶろしき》を広げたなかから、夢《ゆめ》と手堅《てがた》さを織り交ぜて、候補は20人に絞《しぼ》られた。アンケートで聞きたいことは満載《まんさい》だったが、気軽に回答してもらうために、質問項目《こうもく》も吟味《ぎんみ》して、3つに絞《しぼ》った。

Q1：いちばん好きな曲は何ですか？
Q2：いちばん影響《えいきょう》を受けたアーティストは誰《だれ》ですか？
Q3：あなたにとって音楽とは何ですか？

つぎは依頼《いらい》状だ。生徒たちは、オフィシャルな依頼《いらい》文を書くことが初体験。海外アーティストへの依頼《いらい》状とアンケートは、もちろん英語で書く。

アーティストからの回答

あべちゃんたちが苦労して書いた依頼《いらい》状とアンケートに、真っ先に返答してくれたのは、糸井重里《いといしげさと》氏だった。開封《かいふう》してその場で書いて、投函《とうかん》してくれたかのような速さだった。そこからぽつぽつとアンケートが返ってきた。海外からも1通。その当時デビューしたばかりのSuede《スウェード》というイギリスのロックバンドのリーダー、Brett Anderson《ブレット・アンダーソン》の直筆だった。英語なんて大嫌《だいきら》いと言っていた生徒も、テンション上がりまくりだ。

生徒お目当ての国内メジャーミュージシャンは全滅《ぜんめつ》だったが、結果として10人がていねいに答えてアンケートを送り返してくれた。こんな無謀《むぼう》な企画《きかく》で、回収率50パーセントは快挙だ。世の中の大人たちが返してくれた驚《おどろ》くほどの優しさを、生徒も私も噛《か》み締《し》めていた。

「単なる展示じゃもったいないね」
「雑誌にしちゃう？」

こうして、アンケートをまとめた巻頭特集を組み、自分たちの音楽ライフを綴《つづ》ったコラムや、ロックについて語りたい教員に依頼《いらい》した記事、軽音楽部のメンバーによるロック座談会などを盛《も》り込《こ》んだ手作り雑誌『music

『music on』記念すべき1号（左）と2号

編集部撮影

on』vol. 1は完成した。Brett Anderson《ブレット・アンダーソン》の写真が表紙を飾《かざ》るこの雑誌は、図書委員会の文化祭企画《きかく》「ロックの部屋」で販売《はんばい》され、限定100部を完売した。

『music on』vol. 2発動!

2年生の図書委員しょうちゃんは、「ロックの部屋」文化祭終了《しゅうりょう》直後から、翌年の企《き》画《かく》を温め始めた。『music on』vol. 2を出すことは、決定ずみだった。

満を持してしょうちゃんがもってきた特集案は、「ラジオ」と「エイズ」。一見つながらないこの2つをつなぐキーワードは、「福山《ふくやま》雅治《まさはる》」だ。しょうちゃんは、今で言う所のガチファンなのだ。福山氏がパーソナリティーを務めるラジオ番組から「ラジオ」、ミュージシャンとして参加している「Act Against《アクト・アゲインスト・》

AIDS《エイズ》（ＡＡＡ）」というイベントから「エイズ」が出てきた。ものすごくいいアイデアだ。だから私は、両方やればいいと言った。それに「エイズ」は、保健委員会とタイアップしたら深まると思った。養護教諭《きょうゆ》にもちかけると、予想通りの二つ返事だった。しょうちゃんの福山氏への熱量は、途方《とほう》もないパフォーマンスを引き出した。

まず、地元のＦＭヨコハマに取材を申し込《こ》んだ。これが、すんなり通る。オンエア中のスタジオに入って、見学させてもらうおまけつきだ。それから、「Act Against AIDS（ＡＡＡ）」事務局に問い合わせ、展示パネルを借りる。

事務局からＡＡＡイベントに招待されるという幸運も享受《きょうじゅ》しつつ、夏休みには、横浜《よこはま》で行われた「エイズメモリアルキルト展」にボランティア参加したり、ＨＩＶポジティブのＤＪパトリックの話を聞き、握手《あくしゅ》する体験をしたり、自分の考えでどんどん取材を重ねていった。

しょうちゃんたちの楽しそうな活動にひかれるように、図書委員だけでなく図書委員以外の生徒たちからも新企画《しんきかく》がつぎつぎともち込《こ》まれた。図書委員1年生のすみちゃんが『music on』vol. 1を見て、「私もアンケートをやりたい」と言ってきた。歌舞伎《かぶき》の特集ページをつくりたいという。渋《しぶ》い。

こうして3つ目の特集として実現したのが、「歌舞伎通《かぶきつう》のページ」である。女優の森光子《もりみつこ》氏をはじめ、歌舞伎通《かぶきつう》の著名な人びとからの手紙で構成された、とても豪華《ごうか》な内容だ。

3年生の男子からは、映画製作の企画《きかく》がもち込《こ》まれた。エイズを取り上げるということ

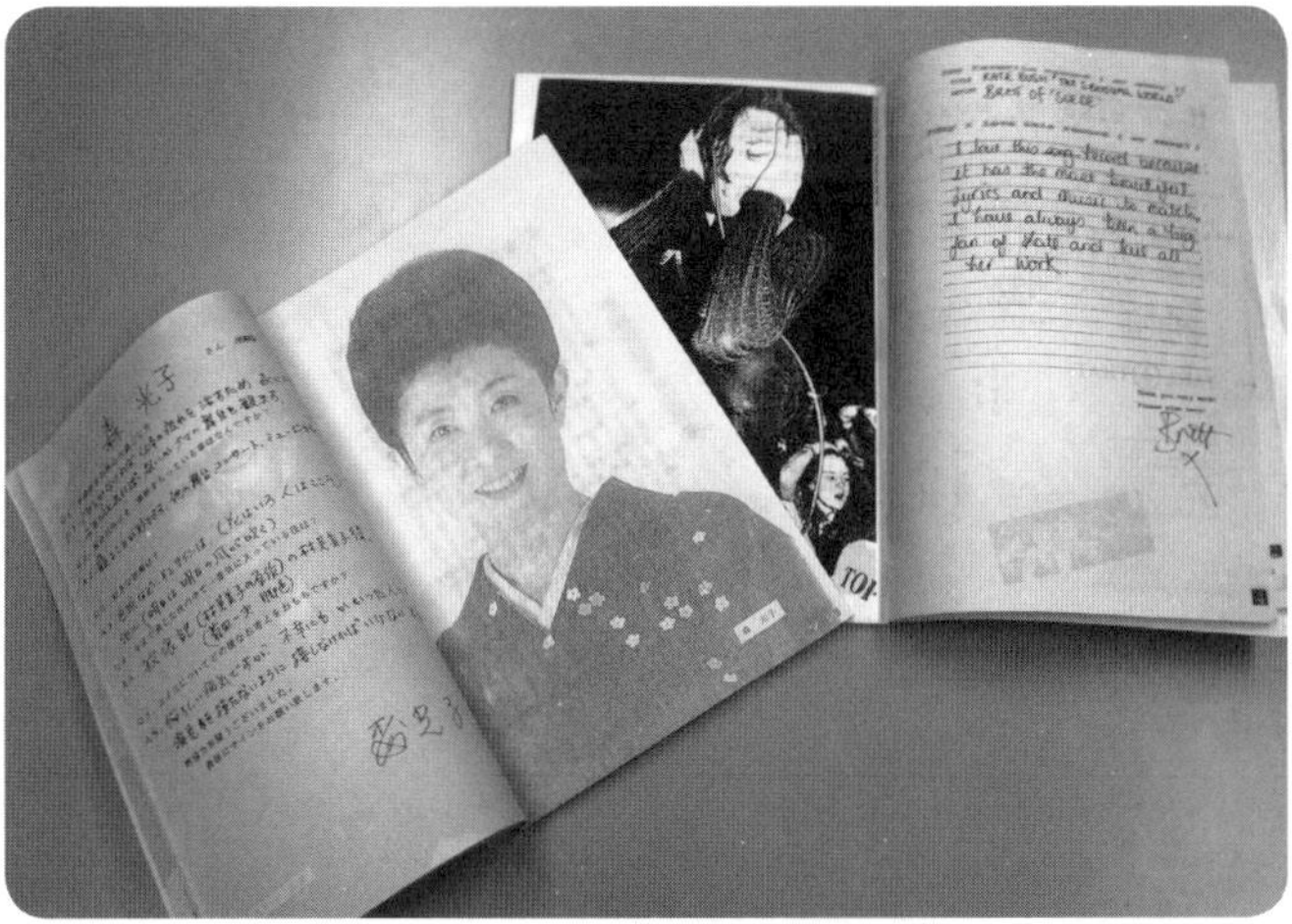

1号でブレット・アンダーソンを掲載したように、2号では森光子氏からのコメントなどを掲載 編集部撮影

だったので、文化祭当日会場で流すことにして、イベントに取り込《こ》んだ。夏休みの炎天下《えんてんか》での校外ロケから始まり、順調な滑《すべ》り出しに見えた。しかし、内容は二転三転するし、当日の朝まで編集が終わらないしで、監督《かんとく》は盛《せい》大《だい》な産みの苦しみを味わったようだ。それでも一応の形になって、文化祭の2日間会場で上映された。

当日は、映画を流したほかに、ＡＡＡ事務局委託《いたく》のＴシャツやバッジなどＡＡＡグッズの販売《はんばい》、エイズに関する写真とパネルの展示、保健委員会が中心となっての企画《きかく》「ＨＩＶ訴《そ》訟《しょう》を支える会」の弁護士の方の講演、そして『music on』vol.2の販売《はんばい》と、実にカラフルだった。

実は、ＡＡＡグッズの販売《はんばい》については、特定団体の商業活動をそのまま学校にもち込《こ》むことへの疑問が教員の文化祭実行委員会で出され、議論を重ねた結果、ようやく実現したという経緯《けいい》がある。それもこれも、大人の理論武装ではなく、生徒の「こんなことやりたい！」という熱量がなせる業だったと思う。

無事終わって記念撮影！

学びのヒント1　楽しそうな活動を見せる。

エピソード ２ Library Live

DJ、プロレス、コント 生徒の特技をお披露目！

神《か》奈《な》川《がわ》県《けん》立《りつ》海《え》老《び》名《な》高《こう》等《とう》学《がっ》校《こう》

大演芸大会

１９９６年度が始まって日も浅い４月26日放課後、海老名高校で「大演芸大会パート２」が行われた。会場は図書館である。

机を奥《おく》に詰《つ》めステージスペースをつくり、椅《い》子《す》を並《なら》べ、楽器をセッティングすることは、図書視《し》聴《ちょう》覚《かく》部の教員で午後の授業時間中にやっておいた。平日放課後の開催《かいさい》なので、生徒が準備にかかわる時間が取れなかったのだ。

プログラムは、生徒のバンド４組と教員バンド１組、生徒のＤＪミックスと、新入生の担任教師によるフルート演奏である。この日の観客は、１００人を超《こ》えた。

「大演芸大会」の目的は、生徒の隠《かく》れた特技を発表する場をつくること。図書館が全面的にバックアップする形で前年度1995年の冬に始まった。第2回目となる開催《かいさい》を4月に選んだのは、図書館の新入生オリエンテーションがひと通り終わったところで、新入生たちに気軽に図書館に来るきっかけにしてもらいたかったからだ。

しかし、始まりは、何といってもDJすずきくんとの出会いだ。

きっかけは一人の生徒から

3年生になってはじめて図書館に顔を出し始めたすずきくんは、選択《せんたく》授業の空き時間になると、一人で図書館にやって来る。図書館のど真ん中にあるいつもの席に、大股《おおまた》でまっすぐ歩いて行って座る。真っ赤なマウンテン・パーカを身にまとい、難しい顔をして、丸刈《まるが》りの頭にはいつもヘッドホンが装着《そうちゃく》されている。

この学校にはめずらしいクールな少年だなあと見ていた。3年生になると選択《せんたく》科目が増え、取り方によって空き時間ができるが、どうやら彼《かれ》は、その時間を図書館での受験勉強に当てると決意したようだ。

だが、2週間もすると参考書を広げての勉強場所が司書室内に移り、勢い参考書も開かずにおしゃべりすることのほうが多くなった。弱小山部（登山部）で、部員2名と顧問《こもん》という少人数での山行が楽しいこと、クラブで遊ぶのが大好きで、ヒップホップにはまっていることなど、話は止まらない。クールというより、むしろおしゃべり好きな彼《かれ》だった。

いろいろ話すうちに、大演芸大会の話になり、「(自分も）やりたい！　学校でDJ技を披露《ひろう》したい！」と言い出したのだ。機材は全

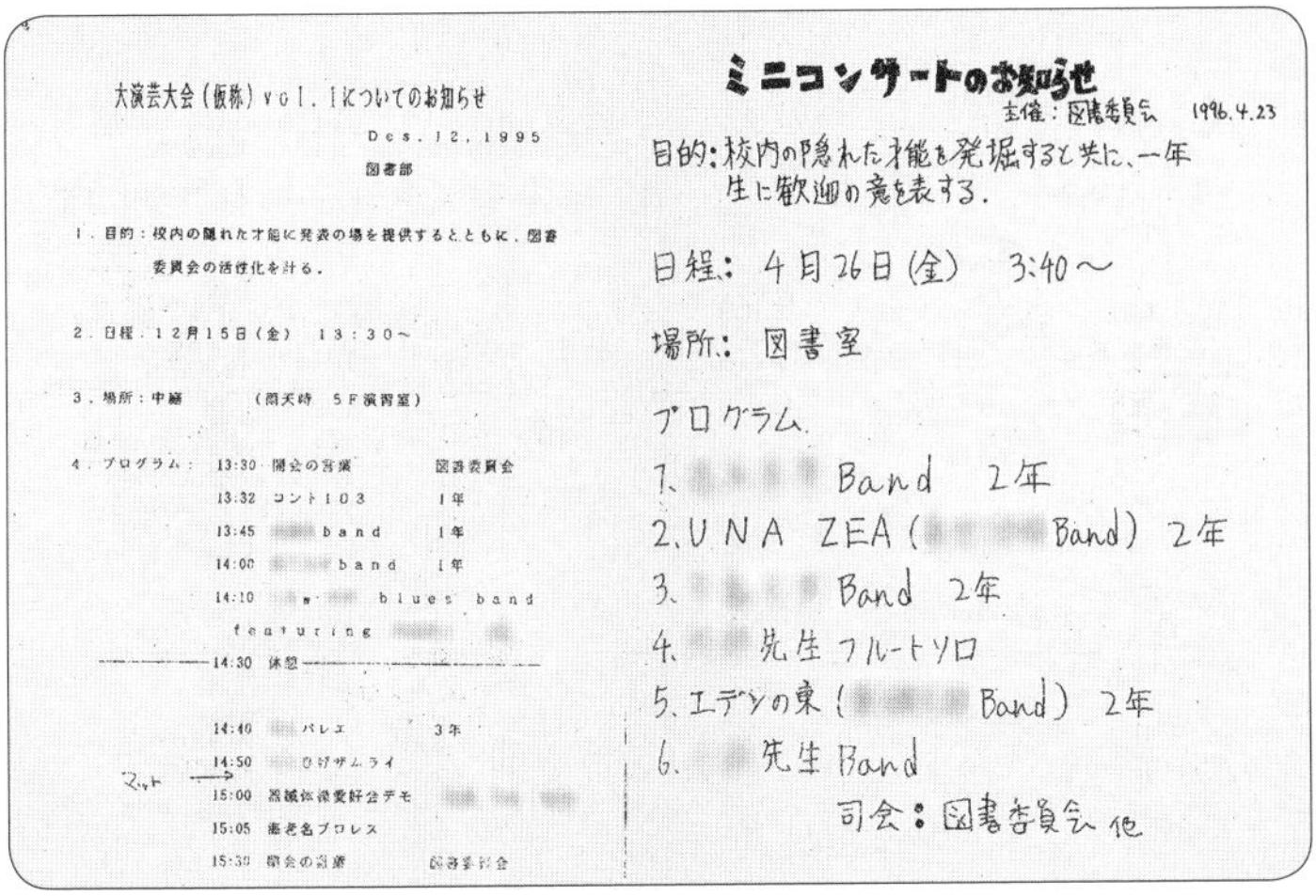

すばやく作成された大演芸大会のチラシ

部親に運んでもらえるというので、話は早かった。ほかの出演者は口コミでつぎつぎと増えた。

調整、司会、記録、広報、それぞれできることをできる生徒がやるということにしておき、あまり「図書委員だから」やるということにこだわらない。ただ、図書館の広報誌でのPRは、図書委員に義務づけた。

発案から実現までの時間が短かったため、ポスターやチラシも、見栄えより早さ重視な仕上がりだが、熱が感じられるものではある。第2回目ということで、教職員の中でも「あ、またやるのね」という空気があり、あまり形式ばった校内調整の必要がなくなり、生徒がのびのびと動きやすくなった。

当日は、PTA広報係の保護者の取材があったり、卒業アルバム用の写真を撮《と》ろうと写真屋さんが三脚《さんきゃく》を立てるなど、早くも校内で定着の兆《きざ》しが感じられた。

熱烈《ねつれつ》な「やりたい!」から始まる

1995年12月の第1回目開催《かいさい》に当たっては、初の試みということで職員会議を通したが、なかには疑問視する声もあった。出しもののひとつが、プロレスだったこともある。文化祭で、かなり危険な技を見せていたプロレス愛好会のいちかわくんが、その時の不本意な試合をやり直す機会を熱望していたのだ。

3年生のいちかわくんは熱い男子で、海老名高校プロレス愛好会を1年生の時から牽引《けんいん》してきた。卒業後はプロレスの世界に飛び込《こ》んだほどなので、実際のところ本気度は200パーセントだ。本来ならば、9月の文化祭が高校での引退試合となるはずだったが、そ

開放された司書室に生徒たちがやってくる

DJ技が光る！

れだけに、最後の試合内容に納得がいかず、引きずっていたようだ。

文化祭の興奮《こうふん》が少し落ち着いてきた10月末ごろのことだったか、図書館で延々とプロレス話を聞かされているうちに、演芸大会のアイデアが湧《わ》いてきた。

「もし図書館主催《しゅさい》でプロレス興行をやるとしたら、出たい？」と聞いてみた。この時の「やろう！」「やりたい！」コールは熱烈《ねつれつ》だった。ほかの生徒から、文化祭で人気のあったコントをもう一度見たいという声もあった。

これらの図書館へもち込《こ》まれる生徒の声を形にする場や、生徒がもっている隠《かく》れた特技を発表する場をつくる支援《しえん》を、図書館ができるのではないかと考えた。生徒からの要望ということを受けて、図書視聴覚《しちょうかく》部の教員が全面的にバックアップをしてくれたこともあり、開催《かいさい》が了承《りょうしょう》された。

海老名高校図書館プレゼンツイベントの第1回目なので、ぜひとも図書館でやりたかったのだが、プロレスには天井の高さが足りない。結局、中庭でということになった。

生徒がつくるイベント

当日は、野球部が準備を買って出てくれ、放送委員が音響《おんきょう》を、図書委員が全体司会を、プロレスの実況《じっきょう》は、プロレス好きの生徒会長が行った。

プロレスのほかに、クラシックバレエ、コント、バンドというバラエティーに富んだ内容で、いかにも「大演芸大会」という感じだったので、このネーミングに落ち着いた。

12月の寒風吹きすさぶ中だったにもかかわらず、アリーナ（中庭）には80人ほど、1階

バンド演奏は生徒に人気

学びのヒント2　要望は口に出してみる。

その後、教師も参加しながら Library Live は恒例に

席、2階席、3階席、4階席（校舎の窓）からも多数の聴衆《ちょうしゅう》を集めて、無事終了《しゅうりょう》した。

その後、このイベントは「Library Live」と名称《めいしょう》を変えながら、4月の「新入生歓迎《かんげい》ライブ」と12月の「クリスマスライブ」という年2回のスタイルで定着していった。

エピソード 3 The Rising Sun and Kimigayo

日の丸・君が代問題への違和感と問題提起

神奈川県立海老名高等学校

広報班長大活躍《だいかつやく》

Aくんは、図書委員会の広報班員として、1年生の時から頭角を現していた。2年生を差し置いて、3年生の卒業式に発行する『HIKOUSEN』（年刊の雑誌）編集の仕事を中心になって担った。広報誌の編集にとどまらず、図書館全般《ぜんぱん》のプロデュースもどんどん提案、実行する。人気雑誌の紛失《ふんしつ》という問題が起これば、雑誌の配架《はいか》方法を工夫し、廃棄《はいき》雑誌プレゼントのシステムを整備し、解決に導いたのも彼《かれ》だ。

2年生になるとAくんは、広報班長として「mini Hikousen」（不定期発行のチラシ）を精力的に発行し始めた。そして、3年生が自由登校に入る直前の1月末には、「日の丸・

君が代問題」をテーマにした特集号（『The Rising Sun and Kimigayo』２０００／１／29）を発行するに至った。

「日の丸・君が代問題」というのは、１９９８年ごろから教育現場で、文部省《もんぶ》（当時）の指導で日の丸掲揚《けいよう》、君が代斉唱《せいしょう》の通達が強化され始めたために、特に公立高校で、その強制をめぐって、管理職と教職員や生徒とのあいだで起こったさまざまな問題のことだ。海老名高校でもその年、卒業式に君が代斉唱《せいしょう》を入れる意向であることを、校長が冬休み前の終業式で全校生徒に説明していた。

Ａくんの書いた記事は、二部構成の力作だった。「第一章：『所沢《ところざわ》高校の７３０日』とその後」では、埼玉《さいたま》県立所沢高校の本や、所沢高校生徒有志が開設しているホームページを紹介《しょうかい》し、日の丸・君が代問題とは何かを説明している。「第二章：日の丸・君が代問題の真実」では、３年生１００人を抽出《ちゅうしゅつ》して行った「卒業式での日の丸・君が代の実施《じっし》をどう思うか」というアンケート結果をまとめ、自分の高校における日の丸・君が代問題の現状分析《ぶんせき》を行い、つぎのように問題提起している。

今回の日の丸・君が代の問題に限って言えば、議論は教員達の間のみで行われ、生徒にはそのことはふせられ、生徒側はそんなことが起きているなんて見当も付かないでいる。このような状態で私達は満足してしまってよいのだろうか。もっと、生徒の意思が尊重され、そのためにあらゆる情報が生徒側に知らされる必要があるのではないだろうか。

まず、教員からすばやい反応が返ってきた。

何人かが、「生徒がここまで書けるのはすごい」「驚《おどろ》いた」と、図書館まで感想を言いに来た。一方で、管理職からはクレームがついた。「このような件について、勝手に生徒にアンケートを取ったことが問題である」ということだった。

　このクレームに対して納得のいかないAくん以下図書委員会広報班に対して、校長が「生徒と話し合いの場を設けてほしい」と申し入れてきた。その結果、図書館で、「校長先生との意見交換《こうかん》会」が開かれることになった。Aくんは、「mini Hikousen」つぎの号（『The Rising Sun and Kimigayo II』２０００／２／24）で経緯《けいい》を説明し、全校生徒に参加を呼びかけた。

広報誌『HIKOUSEN』。CD サイズの冊子から始まった　　編集部撮影

校長先生との意見交換《こうかん》会

意見交換《こうかん》会は、2月25日16時から1時間半ほど行われた。生徒15人、OB2人、校長と教頭、オブザーバーとして教員8人が参加した。参加した生徒たちからは、つぎつぎと活発に校長に対して質問や意見が出された。しかしあくまで校長は、校長としての考えを述べる場と考えていた。建設的な議論を期待していた生徒たちにとって、それは不満の残るものとなった。

この後3月1日の卒業式をはさんで、Aくんは、「校長先生との意見交換《こうかん》会」の模様と参加生徒の感想をまとめた「mini Hikou-sen」(『The Rising Sun and Kimigayo 最終章』2000／3／24)を発行した。

Aくんは、1月29日号の最初の記事を書くに当たって、関連書籍《しょせき》を読むことはもちろん、本で知った所沢高校のOBと携帯《けいたい》メールでやりとりをし、取材までしていた。彼《かれ》は、高校入学のお祝いとして携帯《けいたい》電話を買ってもらう最初の世代である。当時、携帯《けいたい》電話を持っている大人はまだ少数派で、パソコンメールも一般的《いっぱんてき》ではなかった。Aくんの、顔も知らない他県の高校生とのつながり方の速さと凄《すご》さに、私はただ驚《おどろ》いていた。

学校の外とのつながりは、「mini Hikou-sen」発行後に、また別の形で広がっていた。ある日、図書館に一本の電話が入った。「校長先生との意見交換《こうかん》会」に関して、中心となった生徒に話を聞きたいというのだ。雑誌で「日の丸・君が代問題」の特集を組む予定の、フリーライターからだった。

どのようにして情報を入手したかよくわか

らないことが、学校側の警戒《けいかい》心を煽《あお》った。意見交換《こうかん》会に出席していた教員も交えて、Aくんと取材を受けるべきかを話し合った。

「日の丸・君が代問題」は、当時ホットな話題だった。広島《ひろしま》では、校長が自殺していた。扱《あつか》いがとても難しい。これを学校全体で対処するには、生徒会の体制も弱く、こうした取材に不慣れな学校の状況《じょうきょう》があった。こうした状況《じょうきょう》を見極めつつ数日考えて、Aくんは、直接の取材に応じないという決断をした。取材は校長に対して行われ、その情報をもとにした記事が、雑誌『週刊金曜日』（株式会社金曜日）の２０００年３月17日号と９月22日号に掲載《けいさい》された。また、この雑誌記事は、ライターにより２冊の本に再録されて、後に出版された。

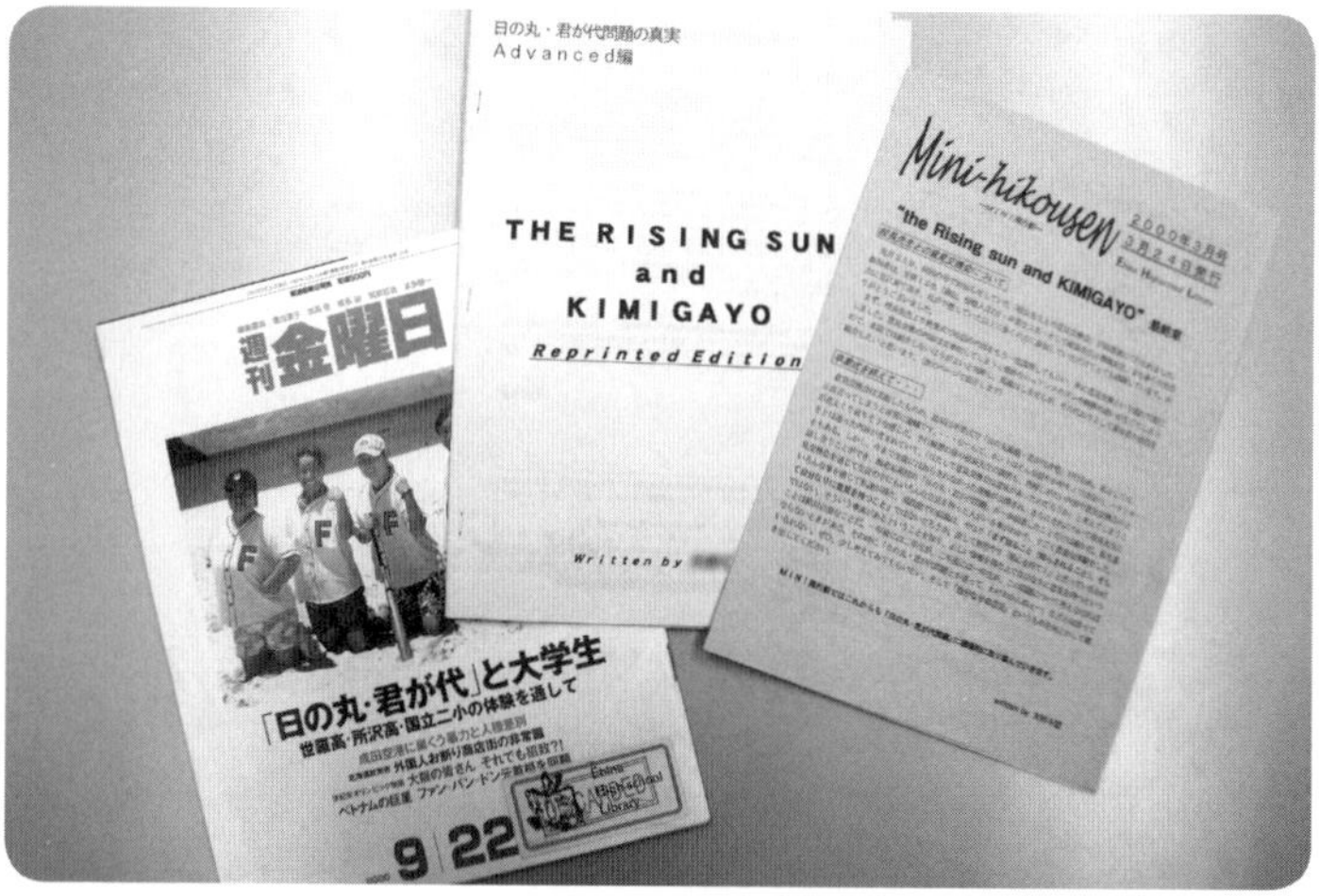

君が代問題についてまとめた「mini Hikousen」と雑誌『週刊金曜日』（左）　編集部撮影

きっかけは図書館で手に取った本

3年生になったAくんは、9月、一連の動きをまとめた「日の丸・君が代問題の真実 Advanced 編— The Rising Sun and Kimigayo Reprinted Edition」を発行した。

内容は、これまでの「mini Hikousen」から、自分が書いた「日の丸・君が代問題」関連記事の再録が中心である。加えて、このテーマに関連する参考文献《ぶんけん》の内容紹介《しょうかい》つきリストで構成されており、巻末に「Supplement」として『週刊金曜日』の記事の抜粋《ばっすい》が加えられている。文字通りの総集編だ。

「まえがき」では、一連のコトの始まりについて、つぎのように述べている。

それは、図書館でたまたま『所沢高校の730日』（創出版《つくるしゅっぱん》、1999年）を手に取ったことだと思う。この本を読んでいなければ、終業式での校長の話に違和感《いわかん》を覚えることもなかった。

この総集編は図書館の広報誌ではなく、あくまで「個人の責任で発行されたもの」と銘《めい》打《う》たれていた。内容が、広報班としてというより、日の丸・君が代問題についての自分の仕事の総集編のようなものだからだ。配布ではなく、図書館前の廊下《ろうか》に置かせてほしいと言われたので、置きビラのように自由に取って行ってもらえる形にした。こうしてAくんは区切りをつけ、受験態勢に完璧《かんぺき》にシフトしていったのだった。

つながり、広がる思考

Aくんの物語は、ここで終わりだ。でも、かりんちゃんの話をしなくてはならない。か

その後も刊行。ときには宮崎駿氏などからの手紙も掲載
編集部撮影

りんちゃんは、1年生の図書委員会時代からずっとAくんの活動を見て来た同級生だ。もちろん、見ていただけでなく、図書館の重要なスタッフの一員だったし、校長先生との意見交換《こうかん》会に参加して意見を述べ、その感想も「mini Hikousen」に書いている。このかりんちゃんが、自分の卒業式の朝、ストレートのロングヘアをベリーショートにして来たのだ。

見る人全員が驚《おどろ》いて、「どうしたの?」と大騒ぎになった。でも、ほんとうに驚《おどろ》くことは式本番に起こった。司会が、「国家斉唱《せいしょう》。みなさまご起立ください」と言った途端《とたん》、「ちょっと待った!」と声が上がった。かりんちゃんだった。

凍《こお》りつく式場の中をマイクまで進み出て、日の丸と君が代を強制されることへの思いを堂々と語り、静かに席に戻《もど》った。式は、その後何事もなかったかのように粛々《しゅくしゅく》と進んだ。式が終わっても、誰《だれ》もそのことについて恐《おそ》ろしいほど何も言わない。それほどに、鮮《あざ》やかで衝撃的《しょうげきてき》だった。誰《だれ》にも言わず実行したかりんちゃんの決意を思うと、今でも泣けてくる。

エピソード 4 KJラボ

「これが芸術だ!」と思うものを授業で発表する

神《か》奈《な》川《がわ》県《けん》立《りつ》大《や》和《まと》西《にし》高《こう》等《とう》学《がっ》校《こう》

KJラボ

「KJラボ」とは、中沢邦治《なかざわくにじ》教諭《きょうゆ》（kunjiだからKJ）が自分の担当する2年生倫理《りんり》の授業で立ち上げたプロジェクトの名称《めいしょう》である。

ステージ1「芸術作品を批評する」では個人でレポートに取り組み、ステージ2「不思議な日本《にほん》の私」ではグループで発表を行うという2段階で、どちらも図書館資料を使い、テーマ設定、調査、考察、発表というプロセスを学ぶ。

芸術作品を批評する

授業のはじめに、司書である私が永江《ながえ》朗《あきら》の『批評の事情』（原書房《はらしょぼう》、2001年）を紹介《しょうかい》しながら、「批評とは何か」について20分程度話し、つぎにＫＪが取り組み方を説明した。

そもそも、なぜ『批評の事情』なのか。ＫＪラボが立ち上がるきっかけとなったのが、この本だったからである。もう少し言えば、私がこの本についてＫＪに熱く語ったことが始まりだったからなのである。

２００１年時点で最近10年の日本において批評家としてすぐれていると感じた人物44人を「批評」する本書において、永江氏による「批評」の定義は、「それによってものの見方、見え方が変わるもの」である。この定義や、「評論家が言葉を一つ与《あた》えるだけで世界が一変してしまう。そういう評論こそが本物の評論なのだ」という言葉などを紹介《しょうかい》したことによって、ＫＪラボのステージ１はスタートしたのであった。

生徒に与《あた》えられた当面のミッションは、各自「これが芸術だ！」と主張できそうなものを考えること。２時間ほどをかけて絞《しぼ》り込《こ》む。インターネットも含《ふく》めて図書館のあらゆる資料をブラウジングしながら、ＫＪも司書も個々に相談に乗るというスタンスで授業が進められた。

どのような「芸術」が出てきたか。いちばん多かったのは音楽で、B'z、ゆず、ＳＭＡＰ、ザ・イエロー・モンキーからバックストリート・ボーイズ、ダイアナ・キングなど。つぎに多かったのが映画で、「タイタニック」についてなど作品論のほかに、『セブン』映画と本について」など、原作との比較《ひかく》論が目についた。「電撃文庫《でんげきぶんこ》をばかにするな」という過激《かげき》な文学論も多いが、スティーヴン・キングの作品とその映画など、メディア・ミックス的なものがやはり目立つ。ユニークどころでは、人形浄瑠璃《じょうるり》やガラス細工など、いわば正統派の一方で、「かぼちゃ」のすばらしさを讃《たた》えるという、こちらの予想を超《こ》えるテーマもあった。

中間提出の段階で、一つひとつのレポートに対して司書もコメントをつけた。この時書いたコメントを通して、前任の司書への思いから新着任の私に反発していた生徒が心を開

映画や音楽の情報も図書館で

いてくれるといううれしいおまけがあった。

しかし、そういうことがあるからこそ、手抜《てぬ》きは絶対にできない。2クラス80人分のコメントは、とても大変であるということを実感する。探究的な学習の評価をどうするのかについて、あらためて考えさせられた。

冬休み前には、各自の作品の抜粋《ばっすい》（これも各自が工夫して作った）を印刷してまとめた「プレゼン集」が、全員に配られた。3学期に入って最初の授業で、この「プレゼン集」を読んでの感想・評価とベスト5の選定が、全員に義務づけられた。これは、批評の批評という位置づけで、自分の作品をふり返るきっかけとすることが目的だ。

不思議な日本の私

ステージ2の目標は、クラス全員の前での

プレゼンテーションである。生徒は一人以上のグループをつくり、「不思議な日本の私」という枠組《わくぐ》みのなかからテーマを決め、発表を行う。

このあいまいなテーマ設定は意図してなされたものだ。あいまいな情報を提示してみると、生徒の受け止め方はどうなるのか。きっとズレやスキマが生じるだろう。ズレやスキマを埋《う》めようとして、生徒は質問をくり返したり、意見を述べたりしやすいのではないか。

問答無用の明快な指示を、仮に「強い情報」と呼ぶ。一方、このようなあいまいな指示を「弱い情報」と呼ぶ。ステージ2においては、弱い情報に対する生徒のレスポンスは、強い情報に対するそれより高まるのではないか、という仮説を立て、検証してみようという実験的な意図があった。

授業では、最初にKJが、テーマ「不思議な日本の私」および授業の流れについて説明を行った。つぎに、司書が用意した自作資料「プレゼンテーションへの道しるべ」に沿って説明を行った。特に時間を割いたのは、いかにテーマ設定するかの部分である。道程の中で、そのプロセスがもっとも困難なことがステージ1での経験から予測されたからである。その後生徒はグループをつくり、テーマ探しのための下調べを開始した。KJと司書は、歩き回りながら、それぞれ臨機に生徒たちの相談に乗るスタイルを取った。

ステージ2のゴール、生徒のプレゼンテーションはとてもおもしろかった。2クラス全部で16のプレゼンテーションは教室で行われたが、私も時間をやりくりしてすべて参加し、各チームへの評価・感想というレスポンスを返した。

絶え間ない情報のやりとり

「不思議な日本の私」というあいまいなテーマから生まれた発表は以下の通り。

偽札《にせさつ》・厚木《あつぎ》基地・生活と宗教・豆・携帯《けいたい》電話・外食産業の値段・方言・アメリカと日本の学校生活の違《ちが》い・夢《ゆめ》・結婚《けっこん》・恋愛・高校生ファッションの移り変わり・コメ・フーリガンについて・チョコレートの歴史・成人式

グループではなく一人で研究をした生徒も何人かいたが、それらのプレゼンテーションの質が高かったことは、聞いている生徒たちも認めていた。ともかく、このステージ2においては、クラスの聴《き》く空気ができていたこと、自然な興味をもってそれぞれが他人のプレゼンテーションに参加していたこと、評価・感想というレスポンスをプレゼン直後にすぐに本人に渡《わた》すことのよさが確認できたことなど、実り多いプロジェクトだったと思う。クラス全体に学びを共有する空気ができたのは、生徒も私たちも、ステージ1を経ていることが大きい。

そして何よりも、生徒間、生徒教員間で絶え間ない情報のやりとりが起きているという実感があった。その意味で、授業の定石を破り、弱い情報はレスポンスを生みやすいという仮説は、一定検証されたといえるかもしれなかった。

学びのヒント4　敢《あ》えて弱い情報を出す。

エピソード 5 On!

自分の内なるものを言葉で表現する

神奈川県立大和西高等学校

図書館報のネーミング

大和西高校に赴《ふ》任《にん》した1年目に、『Library NEWS』というどストレートな広報誌のネーミングを、生徒と話し合って『On!』に変えた。

「図書館報なんだから、『Library NEWS』で何がいけないの?」と言う生徒たちに、柿生高校では『かきのたね』、海老名高校では『HIKOUSEN』だったけど、と話す。学校名にこだわらなくてもいいけど、個性ってものが、大和西の図書館ならではっていうものがほしくない? と焚《た》きつけたのだ。

焚《た》きつけられて、生徒たちは考え始める。なかなかいいアイデアが出ないところで、考えるのに飽《あ》きた男子がひと声「オン!」と鳴いた。「何それ?」。

「うちの犬の鳴き声！　オン！　オン！」

この時、私の脳裏に閃《ひらめ》いたのが、柿生時代に作った『music on』であったことは、エピソード1をお読みくださった読者のみなさんであれば容易に想像がつくであろう。

「『On!』いいね！　英語の前置詞としての〝on〟には、すごくたくさんの意味があるんだよ。調べてみて」と投げかけると、図書館の辞書をめくった生徒が「へぇ～、〝～し続ける〟って意味があるんだぁ」「点《つ》けるって意味もある！」と目が輝いてきた。

『On!』創刊

というわけで『On!』が創刊され、初代編集長には2年生になったばかりのかずよが就任した。かずよは、アンダーグラウンド・カルチャーを好み、ダークなエッセイが得意だ。

図書館といえば本という意識に囚《とら》われがちな生徒たちの中にあって、かずよは当初から「マッチラベル偏愛《へんあい》」などの、高校生らしからぬテーマをつぎつぎと提案してきた。実に頼《たの》もしい。

編集の極意

そうして尖《とが》った紙面づくりを1年半続けて卒業する時に、かずよは初代編集長として、後輩《こうはい》たちへつぎのようなメッセージを残した。

編集作業と云《い》うのはイロイロありますが「切って貼《は》って」が基本で、この安っぽくてビンボウくさい作業が実に大切なのです。貧乏《びんぼう》くさいからと云《い》って馬鹿《ばか》には出来ない作業です。「切って貼《は》って」という一連の作業はアートです。そしてコピーなども又《また》しかり。貼《は》る位置や、大きさで印象が全く違《ちが》ったものになります。唯《ただ》、単にならべるだけじゃない。その位置に貼《は》った事でその位置にイミをもたせる。そういう作業です。原稿《げんこう》にしても表紙にしても「自分の内なるモノを言葉にして表現する」という芸術であるのです。つまりOn!編集の全てがartなのであります。どこにでもありそうな企《き》画《かく》じゃなくて、どこにでもなさそうな事もとりあげて自分のやり方でartする。それを集めるとすごく良いものが出来る。色んな人のいろんなartがOn!には在る。そういうことをウチらは1年間やってきた。この1年はウチらのいろんなとこを成長させたと思う。もし、みんなの中にOn!にきようみをもってたり、これから先クリエイティブな仕事にかかわりたいと思っている人が居たらOn!を作るのをやってみたらいいと思う。そこで遺憾《いかん》なく自分の才能を発揮して欲しい。1年後には今よりゼッタイcoolでhigh senseな人になってるハズ。

（『On!』２００３／３／１）

この『On!』の初代編集長は、図書館広報誌をzine《ジン》ととらえ編集した最初の生徒だと言える。zineとは、手作りの小冊子のことで、アメリカのスケーター、マーク・ゴンザレスが、写真やイラスト、詩やエッセイなど自分の書きたいものを書いて、ホチキスで留めたようなものを配り始めてスケーターたちのあいだで広まり、クールだと注目されるようになったメディアだ。かずよはまさに、切った貼《は》ったの「貧乏《びんぼう》くさい」作業こそartだと看破し、zineの神髄《しんずい》をとらえていたと思う。卒業してからもしばらくは、高校時代には出せなかったテーマの、さらにアングラな

生徒の工夫が光る『On!』。さまざまな特集が組まれる　編集部撮影

zineを作ってては持ってきてくれた。その名も『under』。内容は実におもしろく、号を重ねるごとに誌面のビジュアルの完成度もぐんぐん上がって、近隣の書店に置いてもらえるようになったとうれしそうに報告してくれた。

一方、高校では、初代編集長のメッセージを読んで広報班に名乗りを上げた現役の生徒たちが、さらに広くライターを募《つの》って精力的に活動するようになっていた。

イラストへのクレーム

そのころ、ささきというイラストレーターが現れた。この生徒が毒を含《ふく》んだメッセージ性のある独特のいい絵を描《えが》くので、『On!』に特別のページをつくって連載《れんさい》していた。ところが、ある時管理職から絵にクレームがついて、一旦《いったん》配布した『On!』が回収となったのである。全校生徒分の印刷をすませ、折り、配布をした後に、ある教師がささきのイラストの中に描《えが》かれていた小さなパーツ（てるてるぼうずのような形で吊《つ》り下げられた人形）を問題として校長室に駆《か》け込《こ》んだからである。たいへん寡黙《かもく》でどちらかというと優等生タイプのささきは、おそらくこの時はじめて学校の思惑と合わないと指摘《してき》されるということを経験して、たいへんに悩《なや》んだ。

　最初ささきは、イラストの中の問題のパーツだけを描《えが》き直そうとした。だが、その人形がそこにないだけで、絵がまったく違《ちが》うものになる。どんなにやり直してもどうしても納得のいく作品にならなかった。結果的に、ささきが諦《あきら》める形で、そのページはまったく別の作品と差し替《か》えて『On!』は再発行された。

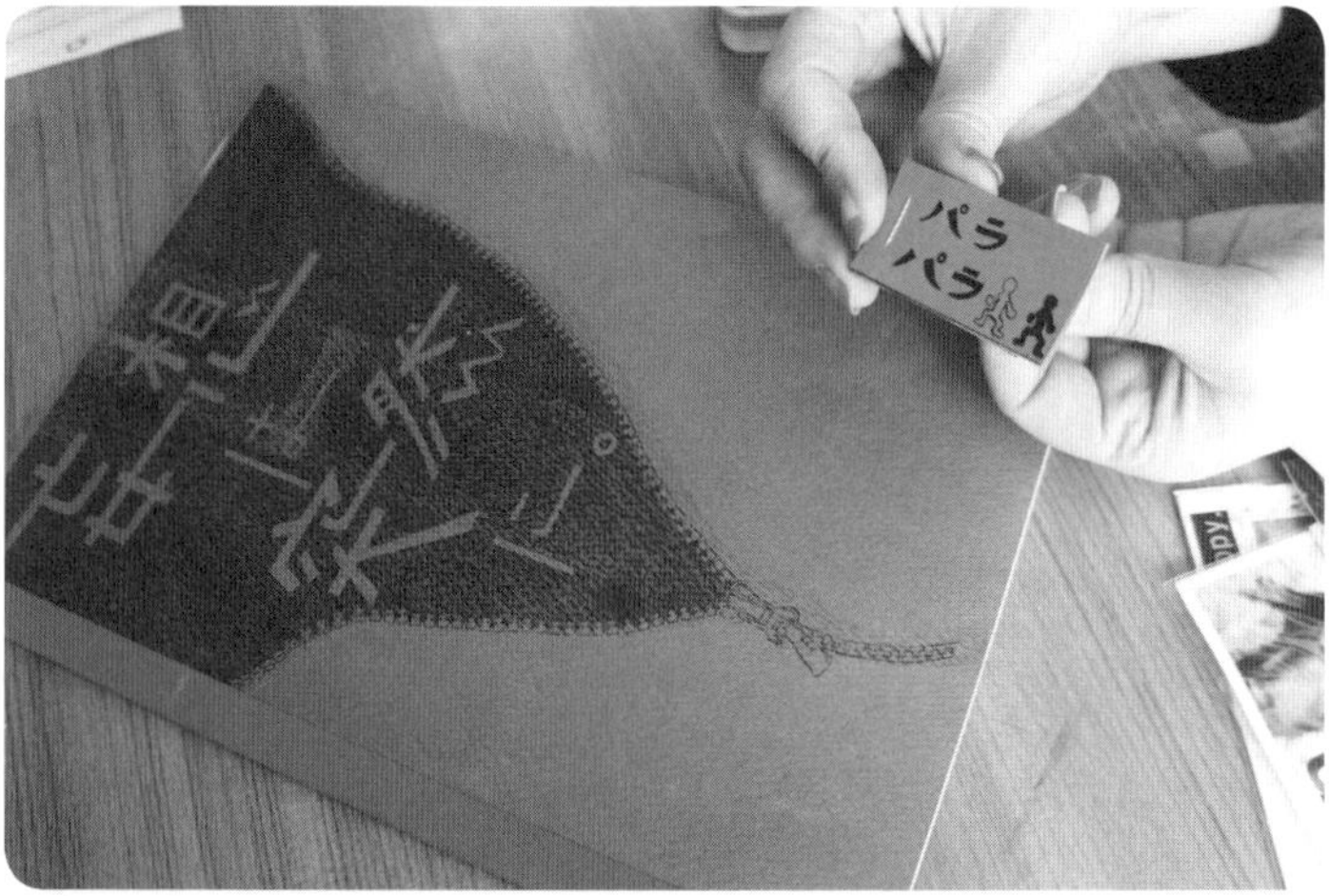

「妄想は突然に。」の展覧会図録とささき作成のパラパラ漫画　編集部撮影

教師に言われた通りの「教育的配慮《はいりょ》」に沿ったものにイラストを描《えが》き換《か》えようとする苦しい試みをしてしまったささきが、何日もそのことに折り合いをつけられずにいるのが見て取れた。そこで、個展の開催《かいさい》をもちかけてみた。生徒全員に配布する場合は「教育的配《はい》慮《りょ》」が必要だと管理職は言っている。問題は、何が教育的配慮《はいりょ》の範囲《はんい》かを議論していないこと。個展を通して、ささきの考えを出して議論を起こすのはどうだろうかと。

沈思黙考《ちんしもっこう》型のささきにしてはめずらしく、即答《そくとう》で「やりたい」という返事が返ってきた。今回ボツになった作品も含《ふく》めた描《えが》き溜《た》めた作品に加えて、新たな作品も描《えが》きたいと、すぐさま仕事に取りかかるささきだった。展示のアイデアや広報は、広報班の生徒たちが嬉々《きき》として引き受けた。

ささきの珠玉《しゅぎょく》のイラスト20点が図書館いっぱいに並《なら》ぶ「妄想《もうそう》は突然《とつぜん》に。」展はこうして開催《かいさい》された。生徒の評判は好悪二分した。しかし、「凄《すご》みがある」という点での評価は一《いっ》致《ち》していた。2週間の会期中に、ささきの担任、副担任はじめ、ふだん図書館に来ないような教科担任なども来館した。教師が一様にささきの意外な側面に驚愕《きょうがく》していた。その後、シリアルナンバー入り20部限定の展覧会図録をささきが作るのを図書館として支援《しえん》した。教師や生徒の感想や意見を盛《も》り込《こ》んでおり、議論を起こすという当初の目的はある程度達成されたと思う。

学びのヒント5　うまくいかなかった経験こそ、チャンス。

エピソード ６ 戦争文学の授業

よくわからない、もっと知りたい。戦争について考えてみる

神奈川県立大和西高等学校

つかの間のコーヒーブレイクから

２００３年11月のある日のことである。国語科の教師で、「おぬし役者じゃのぅ～」という意味で、私が「女優」と呼んでいる多田《ただ》由紀江《ゆきえ》教諭《きょうゆ》（もちろん声質も抜群《ばつぐん》）が、激務《げきむ》の合間を縫《ぬ》ってつかの間のコーヒーブレイクに司書室を訪れている。話題は「戦争文学」になった。

女優多田は、「これまでどう教えたらいいか迷いがあって、積極的に取り上げてこなかった」というようなことを言ったと思う。そこで私は、事あるごとにもち出す清水真砂子《しみずまさこ》氏の話をする。

１９８０年代に東京《とうきょう》でＪＢＢＹ＊の大会があった。世界各国から子どもの本の第一人者が

＊**JBBY**　Japanese Board on Books for Young People。社団法人日本国際児童図書評議会。子どもの本の普及や読書活動の推進、国際交流などを図る団体。

集う大会で行われたシンポジウムで、パネリストの一人だった清水真砂子氏は、「戦争を生き延びるより平和を生き延びるほうが難しい」と発言して大顰蹙《だいひんしゅく》を買った。しかし、ここでの清水氏の発言は、「現代の日本では、子どもたち自身の問題はいかに平和を生き延びるかということであって、戦争の悲惨《ひさん》さを学ぶこと以上に切実だ」ということを見据《みす》えてのものだったと思う。そして同時に、日本の児童文学の世界にはじめてまっとうな批評を突《つ》きつけた瞬間《しゅんかん》だったのではないか。

私自身、子ども時代から「児童文学」を読み続けてきて、いちばん嫌《きら》いなジャンルは迷わず「日本の戦争児童文学」とあげることができる。なぜか。「かわいそうだから」「つらいから」「何かのはずみに読んでしまったら、湿《しめ》っぽくてつらくって食べ物も喉《のど》に通らないことになってしまう本だから」であった。

『木かげの家の小人たち』(いぬいとみこ著、福音館書店《ふくいんかんしょてん》)ですら、ファンタジーの領域にあるように見せかけながら、結局は小人が人間からミルクをもらえなくなって死にそうになる戦争の悲惨《ひさん》話だ。同時代のイギリスのノートンが描《えが》く小人たちとは、なんて違《ちが》っていたことだろう!

大人になって『みんなの幽霊ローザ』(ネストリンガー著、岩波書店《いわなみしょてん》)を読んだ時、悲惨《ひさん》を「かわいそうな主人公」を描《えが》くことで伝えるやり方をせず伝えようとする手法に魅《み》了《りょう》された。大人の文学になら当然あるバリエーションが、日本の戦争児童文学に圧倒的《あっとうてき》に欠けていることに不満を抱《いだ》いていた。

戦争教材の傾向《けいこう》と対策

以上のような話をすると、女優多田も同じような思いを抱《いだ》いていたからこそ、どう教えるか迷うということなのだった。ちょうどその前日、私は発売されたばかりの『SIGHT』17号（２００３AUTUMN、ロッキング・オン）のある記事を、ひざを打ちながら読んでいた。それが斎藤美奈子《さいとうみなこ》氏の連載《れんさい》記事で、「教科書が教えない国語」の第8回「戦争教材を読む——小学校編」だったのである。

小学校の戦争教材はほぼ１００パーセント文学である。一編を除いて、六社中十四編の教材が、すべて子供向けの戦争文学だった。子供向けの戦争文学とは、まず子供が主人公であること。そして、とってもかわいそうなお話であることだ。かわいそうで、悲しくて、せつない。「泣かせの文学」ですな、まあ。（中略）これらの物語から浮《う》かび上がる要素は、①父の出征《しゅっせい》と戦死、②空襲《くうしゅう》による母や兄弟の死、③子供がひとり残される結末、である。この傾向《けいこう》は「子供向け戦争文学」に共通したものといってもいい。

司書室を訪れた多田Ｔ

斎藤氏は、子どもの視点で戦争を描《えが》けばそれが「泣かせの文学」になるのは当然としても、もっと指摘《してき》しておかなければならないことは、ここ数十年の「戦争の語り方」は出征《しゅっせい》、戦死、空襲《くうしゅう》、空腹、B29に防空壕《ぼうくうごう》という「被《ひ》害《がい》者史観」のままほとんど変化がないという点だと述べる。斎藤論を紹介《しょうかい》しながら、このような文学作品を通して小学校6年間で平均3回、子どもたちは国語の授業で戦争について考える機会をもつわけだよね、というようなことを話す。

女優多田は言った。

「その記事読ませてくれない?」

戦争文学の授業

斎藤美奈子氏の「戦争教材を読む―小学校編」を読んだ女優多田は、「これ、生徒にも読ませてみようかな」という気になった。

「うん、それでどう思ったか知りたいね!」

ということで、多田プロジェクトはスタートしたのだ。対象は1年生の授業「国語総合」である。

授業の流れはこうだ。生徒は、①堀場清子《ほりばきよこ》の『わたしの夏』を読む。②斎藤氏の文を読む。③感想を書いて提出する。④冬休みに「戦争文学」を読む。(本を読む課題は任意)

④の部分では、図書館に「戦争文学」をピックアップしたコーナーをつくり、貸し出しを行った。この時、データベースに「戦争文学」というキーワードをつけ加えたので、今後もコーナーづくり等に迅速《じんそく》に対応できるはずである。

生徒の感想文を読ませてもらった。小学生の時から母親に連れられて「南京大虐殺《なんきんだいぎゃくさつ》」

の展示を見に行くなどの経験をしている生徒は書いている。

授業で習う「戦争」は、美化されているように思えてならない。それは、国語で教わる戦争文学だけでなく、歴史の授業に関しても言えることだろうと思う。

小学生だった彼女《かのじょ》は「南京大虐殺」の展示を見てショックを受ける。だが、同時にそのことを学校の授業ではどんな風に教えてくれるのだろうという「少し期待に似た感情を抱《いだ》く。しかし、教科書では「ほんの3行」で終わっていた「南京大虐殺」の記述に期待は裏切られる。そして彼女はこう述べる。

授業で得られる情報は、全てを語っているわけではない。それは、おかしいんじゃないか、と思う。斎藤美奈子さんと似たような思いを抱《いだ》いてしまうし、教えられる内容を信じられないことがある。

「言いたいことがありすぎてうまくまとめられなかったです」という一文で彼女《かのじょ》の感想文は終わっている。

多様な感想と意見

同じように、「言いたいことがありすぎてまとめられない」と書いた生徒が何人かいた。「長崎《ながさき》の原爆《げんばく》資料館に行く予定があったので、感想文をその後に書きたかった。提出が遅《おく》れてごめんなさい」という生徒は、「今回の感想は、ほんとうに書くことがたくさんあってとてもじゃないけど書ききれません。今度、色々と話をさせてください。広島の原爆《げんばく》ドーム（資料館）にも行ってみたいと思った」と書く。

「戦争などにすごく興味がある」と書いてい

気になるワードで検索すれば本に出合える

た生徒は、文末に追伸《ついしん》のように、「また何か戦争の話があったら教えてくださいね」とつけ加えている。

斎藤氏も言っているが、「総合学習などで地域の古老の戦争体験を聞いたり、本を読んだりさせられる昨今の小学生は、前の戦争のことを意外によく知っている」。

その小学生が高校生となって高校に来るのだ。同じ切り口で語ることに躊躇《ためら》いを覚える女優多田の気持ちは、そのまま私の気分でもあった。しかし、「戦争の話はもうたくさん！」という生徒が多いのではというのは大人の勝手な思い込《こ》みで、「戦争に興味がある」という生徒が多数派と感じられた。それも、自分でも平和のために何かできるようになりたいと真摯《しんし》に考えている生徒のなんと多いことか！

一方で、「よくわからない」という生徒もいる。はからずも、感想文は「詩」みたいになっている。

修学旅行で広島に行って
「原爆《げんばく》ドーム」にも行ったし、
被爆《ひばく》者の話も聞いた。
小学校から何度も
「戦争」というモノについて
考えてきた。
でも、正直言うと、
その時その時には、
色々考えを持ったり、
「戦争」や「原爆《げんばく》」についての
知識を学んだりしたけど、
やっぱり、よくわからない。
「日本は悪いことをした」
「日本は唯一《ゆいいつ》の被爆《ひばく》国だ」
「戦争はイケナイ。
繰《く》り返しちゃいけない」
日本人の考えている事が
よくわからない。
同じ日本人なのにね。
なんかわかんない……。

曲をつけたらいい感じ。忌野清志郎《いまわのきよしろう》に歌ってほしい。「正直言うと」っていう一文が効《き》いている。「かわいそう」から戦争を考える授業では、「よくわからない」と発言することに躊躇《ちゅうちょ》させるものがあったのかもねと妙《みょう》に共感した。

いずれにせよ、斎藤氏の文章を読んで、これまで読んできた「戦争文学」は「同じようなパターンの話が多かった」「日本人が被害《ひがい》者の話が多かった」ということを意識化し、それを書いている生徒が大半だった。たとえ

本を読み、生徒はさまざまなことを学んでいく

ばこんな一編がある。(傍点《ぼうてん》筆者)

今まで、学校で原爆《げんばく》の話などをかなり聞かされてきたけど、何故原爆《げんばく》の話ばかりなのかと疑問に思う。

違《ちが》う国のも少しはやってきたけど、量が違《ちが》うなあと。世界の難民の話も小学生のとき話してあげられないのかしら。難しいかもしれないけど。自分の戦争についての考えが小学生のときに埋《う》めこまれたものだという感じも少なからずある。

そう。だからこそこの授業があるわけだし、さらに言えば、そのために図書館があるんだよ。「授業で教えられる内容を信じられないことがある」と言っていた生徒とも、授業は学びの方法を教えてくれるもので、すべてではないのはあたりまえじゃん、ということを話したい。この生徒が、「自分の戦争についての考えが小学生のときに埋めこまれたもの」と感じた生徒と話をするというのもいい。生徒同士、教員も含《ふく》めて感想をやりとりする時間があったら、さらに深まっただろう。

さて、「あと、斎藤さんがいろいろ紹介《しょうかい》した本を読めたら全部読んでみたいなと思いました」という一文を書いている生徒のために本をそろえようっと！

学びのヒント6　正解のない問いをいっしょに考える。

Column

書籍紹介《しょせきしょうかい》

斎藤美奈子氏が文中で紹介《しょうかい》＊・引用した作品は以下の通り。

〈「泣かせの文学」系・「被害《ひがい》者史観」もの〉

『ちいちゃんのかげおくり』あまんきみこ・作（光《みつ》村《むら》図《と》書《しょ》　小学3年）

『おはじきの木』あまんきみこ・作（教育出版《きょういくしゅっぱん》　小学5年）

『一つの花』今西祐行《いまにしすけゆき》・作（大阪書籍《おおさかしょせき》　小学4年・教育出版　小学4年・光村図書　小学4年）

『川とノリオ』いぬいとみこ・作（大阪書籍　小学6年・日本書籍《にほんしょせき》　小学6年）

『ガラスの花よめさん』長崎源之助《ながさきげんのすけ》・作（日本書籍　小学3年）

『母さんの歌』大野允子《おおのみつこ》・作（大阪書籍　小学3年）

『ヒロシマのうた』今西祐行・作（東京書籍《とうきょうしょせき》　小学6年）

『手紙』宮本輝《みやもとてる》・作（大阪書籍　小学5年）

『父ちゃんの凧《たこ》』長崎源之助・作（学校図書　小学5年）

〈「泣かせの文学」系・多少なりとも加害者性のあるもの〉

『チイ兄ちゃん』任大霖《レンダーリン》・作　中由美子《なかゆみこ》・訳（日本書籍　小学4年）：満州《まんしゅう》を舞台《ぶたい》に中国《ちゅうごく》人の少年が主人公

『ロシアパン』高橋正亮《たかはしせいりょう》・作（学校図書　小学6年）：仲良しのロシア人にスパイ容疑がかかる

〈「泣かせの文学」系ではない作品〉

『平和のとりでを築く』大牟田稔《おおむたみのる》・作（光村図書　小学6年）：ノンフィクション

『世界一美しいぼくの村』小林豊《こばやしゆたか》・作（東京書籍　小学4年）：現代の（日本以外の）戦争が題材

＊出版社、対象学年は2003年当時のものです。

エピソード 7 写真家大橋仁氏のスライドショーとトークショー

写真家を招いたスライドショーと議論

神奈川県立大和西高等学校

写真集『いま』

始まりは、新着図書コーナーに置いてあった写真集『いま』（大橋仁《おおはしじん》、青幻社《せいげんしゃ》、２００５年）を見た２人の生徒が「司書さん、これすっごい、いいよね」とカウンターに言いに来たことからだった。

幼稚園《ようちえん》の子どもたちの写真を撮《と》っていた大橋仁氏が、この子たちがここまで成長するまでのプロセスが知りたいと、出産前から出産シーンも含《ふく》めて撮影《さつえい》した写真で構成したものだ。新聞の書評を参考に図書館で購入《こうにゅう》した一冊。購入《こうにゅう》後、子どもたちを撮影《さつえい》した幼稚園《ようちえん》が高校と同じ県内にあり、その園長も私の知人だったことが、偶然《ぐうぜん》判明したばかりだった。

いっしょに写真集をめくりながら半ば興奮《こうふん》

気味に感想を語る生徒たちのようすを見て、「今、話していたみたいな感想を書いたら、大橋さんに渡《わた》してあげられるかもしれないけど、書かない？」と言ってみた。

「え!? 書く！ 書く！」と即答《そくとう》する生徒たち。

正直それほど期待していなかったが、翌日には、レポート用紙に鉛筆《えんぴつ》書きの素朴《そぼく》な形の、しかし内容は熱い感想文が図書館に届いた。それをそのまま、知人を介《かい》して渡《わた》してもらって、生徒からの会いたいラブコールを届けたところ、思いがけずすんなり快諾《かいだく》を得た。そこから、感想を書いた2人の生徒をコアとした大橋仁スライドショー企画《きかく》がスタートした。

イベントの内容希望を提示し、それを受けての日程調整や事務的な手続きはスムーズに進んだ。ところが、最終確認の段階になって

管理職が条件を出してきた。それは、今回のスライドショーでは出産シーンが写っている写真を含《ふく》めないで構成してほしいというものだった。

写真家が作る写真集に省いていい写真は一枚もない。この作品を味わうためには、写真集丸ごと、その構成も含《ふく》めてスライドショーで再現することに意味があると、生徒たちも考えていた。

管理職と何度も話し合ったが、保護者からのクレームの可能性を理由に、条件を呑《の》まなければイベントの開催《かいさい》自体を見直してもらうという管理職の意向は、最後まで変わらなかった。イベント自体を諦《あきら》めるか、アーティストに無理なお願いをするのか、企画《きかく》した生徒たちと何度も話し合った。

やはり生徒たちはイベントをやりたい。大

橋氏にスライドショーの写真についてお願いしてみる、ただしなぜ一部の写真が上映できないということが起こるのかをみんなで考える機会にしたい、ということだった。そこで、イベントの前半はスライドショー、後半はこうした経緯《けいい》も含《ふく》めた議論をするプランを立て、大橋氏にお願いした結果、ようやく折り合いがついて実現した。

写真家の思い

大橋氏自身が、この経緯《けいい》を自身のホームページ*に綴《つづ》っている。以下に全文を紹介《しょうかい》する。

神奈川県立大和西高校というところで、スライドショーをしてきた。ハコは図書室、うまくスライドが見れるくらいの、暗さまで光を落とすことが、出来なかったので、本棚《ほんだな》と本棚《ほんだな》の間にスクリーンを設置して、狭《せま》いハコを急遽《きゅうきょ》つくり、そこで、スライドを見てもらうことにした。観客は、15、16人の高校の生徒。もちろん、校長先生や、教師の方々も、見にやってこられた。『いま』に関してのスライドショーは、去年で打ち止めにしたのだったが、高校生二人から、ノートをひっちゃぶいた紙に鉛筆《えんぴつ》書きで、はじめて図書室で『いま』を見たときの感想が書かれていて、スライドショーを我《わ》が高校でやってもらえないかというご相談と、ついでに、大橋仁にも会いたいというお話を先生の方からも頂いた。即《そく》オッケイ。大人である先生が、すすめて生徒たちに声をかけたのではなく、生徒が自発的に先生に相談したというのだから、その声に答えない理由は一切無かったし、うれしいおはなしだった。内容に関しては、出産シ

＊大橋仁氏ホームページ　http://www.ohashijin.com

図書室の本棚でシアターづくり

ーンの数点をカットしてほしいとのことで、こちらとしては、それは難しいと話をさしかえしたのだが、高校側としても内部で色々話し合った結果、なんとかカットした状態でのスライドにしてほしいし、やっぱりどうしてもその状態でも、スライドショーをやってほしいという強いご希望であった。これには、そうとう戸惑《とまど》いを感じて考えてしまったが、せっかくのアプローチでもあり、撮影《さつえい》者本人が高校生に直接話しかけにそこに行くという意味を考えて、結果的に了承《りょうしょう》した。学校サイドとしても、父兄*に対しての事をそうとう考えてしまったようだ。本当はね、『いま』のすべてを、大きな画面で見てほしかった、高校でそれをやる、その事にこそ大きな意味があると思ったのだが。またいつか、そんな機会があ

＊父兄　保護者のこと。

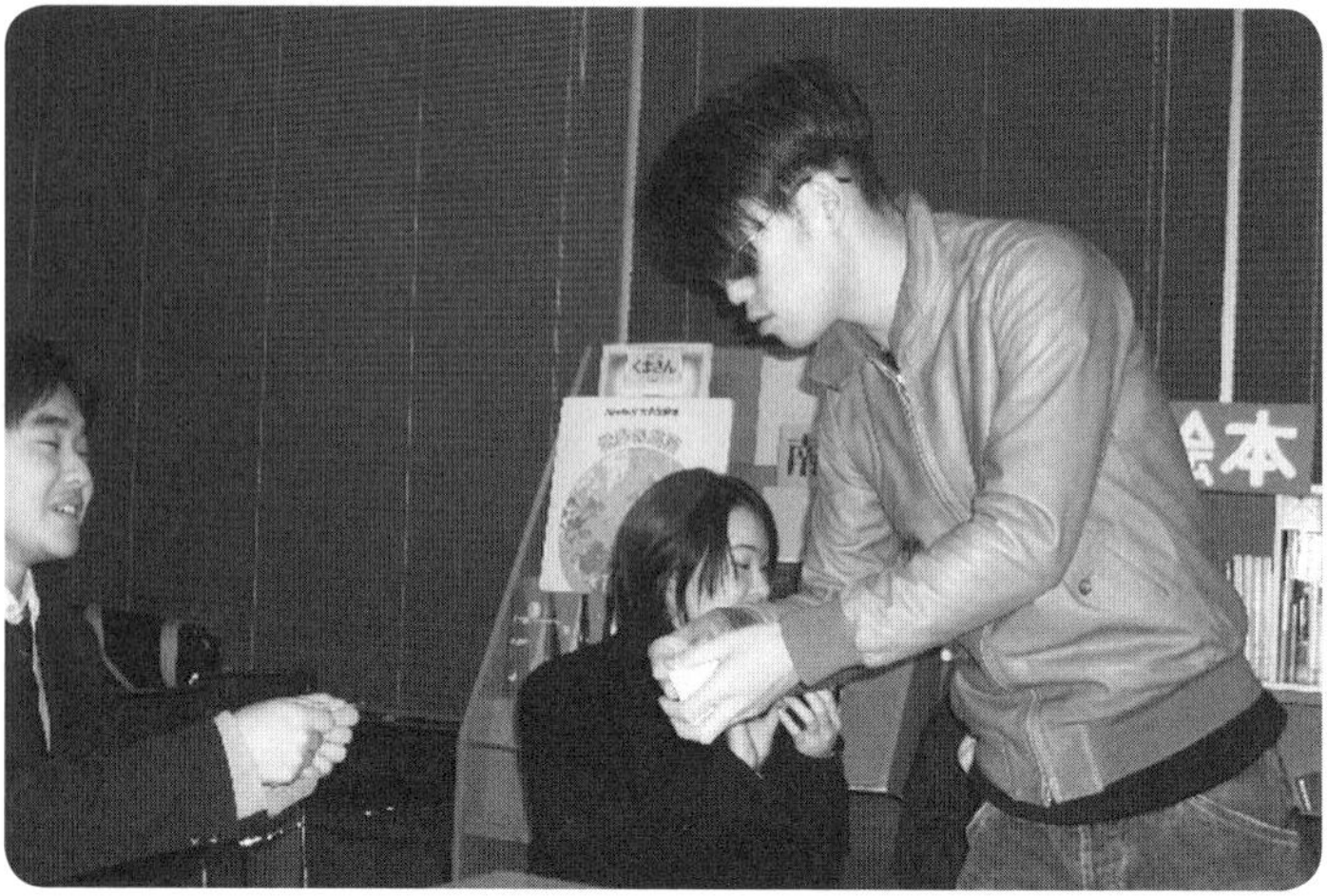

生徒たちに名刺を渡してあいさつをする大橋氏

ったら今度はノーカットでやってみた方がいいと思った。なぜ『いま』という写真集を、ノーカットで見せるのは駄目《だめ》なのか、駄目《だめ》ではないのか、という根本的な事から、父兄連とも一緒《いっしょ》に、学校全体で議論してもらうだけでも、面白いのでは？　と思ってしまった。もはや、写真を見せる云々《うんぬん》ではなく、『いま』を起点に、それぞれの考え方の交換《こうかん》会になってしまえば、それこそ写真集冥利《みょうり》に尽《つ》きるのであるし、自分の作品としては、そういった考え方の違《ちが》う人同士の話し合いのきっかけにだけでもなってくれることこそ、本望なのである。

（最終アクセス２０１７／９／９）

異文化との交流

どのようなイベントも境界を超《こ》えた異文化

との交流たり得るが、この時は格別だった。作品の最大効果を出すための環境《かんきょう》づくりを妥《だ》協《きょう》なく追求する芸術家の姿勢に驚《おどろ》かされ、今をときめくスターたちの撮影《さつえい》エピソードでハートを掴《つか》まれ、本編のスライドで目が開かれる。スライドショー終了《しゅうりょう》後は、写真家を囲んで質問や議論の時間をもった。

今回なぜノーカット上映ができなかったのかについては、もちろん正解はない。しかし、正解のない問題について話し合うための豊富な材料と視点を大橋氏は提供してくれたのだし、参加生徒一人ひとりに名刺《めいし》を用意してきて渡《わた》すことで、生徒たちを大人として扱《あつか》う宣言をしていた。

ある生徒は後に、図書館報『On!』にこう書き記した。

ドルガバのジーパン、多分本革のジャケット、超《ちょう》アシンメトリーのヘアスタイルで図書室に現れ、校長先生と名刺交換《めいしこうかん》をする写真家。確かなものなんてなにもない。感覚が全てに等しい世界で活躍《かつやく》する大橋仁さん。仕事をする人、感性の強い人、自分をもつ人間の独特な印象を最初に感じさせた。

（『On!』２００６／１／30）

学びのヒント7　越境《えっきょう》せよ。

エピソード 8 ももちゃんプロジェクト

読まない紀から読む紀への進化の変遷

神奈川県立大和西高等学校

一カ月に1冊以上本を読もう!

ももちゃんこと百《もも》木《き》彰《あきら》教諭《きょうゆ》は、2年生3クラスの国語担当だ。そのももちゃんが、着任早々「月に1冊以上、文庫や単行本を読もう!」という企画《きかく》を立ち上げた。発端《ほったん》になったのは、最初の授業で「1年間の学習計画を作成するに当たって参考にするため」生徒たちに行ったアンケートだった。学習計画を立てるために生徒にアンケートするという時点で、これはおもしろそうだぞ! と思ったが、4つあるアンケート項目《こうもく》の2番目がさらに興味深いものだった。

活字離《ばな》れが進んでいるとよく言われます。みなさんは、一カ月にどれくらい活字にふれているのでしょう? 具体的には、一カ月の読書量を知りたいのです。一カ月にどれくらいの本（コミック、雑誌は除く）を読みますか。冊数で答えてください。また、コミック、雑誌などで、よく読んでいるものがあれば、それも書いてください。

ももちゃんは、このアンケートの結果をたずさえて図書館に現れた。なぜなら前述の活字接触《せっしょく》度を問うアンケートは予想通りと言うか、予想以上にと言ってもいいような結果で、「実に半数近くのみなさんが、一カ月に1冊も本を読んでいません」という由々しい事態だったから。ももちゃんの担当する学年は、昨年度の貸し出し統計で例年の約半数しか本を借りていないことが判明した学年でもあった。

授業と読書

授業で本を読ませたいと相談された当初、日頃《ひごろ》図書館での読書はプライバシーが守られることを強調していること、読書行為《こうい》そのものを評価の対象とすることに抵抗《ていこう》を覚えることの2点でひっかかると話した。

「じゃあ教室でやるか？」「でも、本を選んで教室に戻《もど》るっていうのも、なんだかめんどうだねぇ」というようなことを話しているうちに、国語という教科においての、つまり授業としての「本を読もう！」プロジェクトの試みがあってもいいじゃないかという気になってきた。

なぜなら、ももちゃんプロジェクトでは、将来構想として、たとえば、生徒が各自のおすすめ本に自作の帯をつけるなんていうつぎのステップもあるらしい。それに、ごく個人的な読書以外の方法も、試してみるべき時期に来ているかもしれないという思いもあった。

そういうわけで、各クラス月に1時間程度、図書館で1冊好きな本を選んでただひたすら読むというプロジェクトが始まった。

プロジェクト始動

2003年4月23日の水曜日、ももちゃんプロジェクトの第1回目が行われた。授業の流れは以下のようなものである。

①図書館に来て、マンガや雑誌以外のいわゆる活字の本で読み通せそうな本を1冊選んで、貸し出し手続きを取る。
②静かに読む。
③選んだ本の書誌情報と選んだ理由をプリントに記入して提出する。

第1回目から3クラス分の授業が続いたので、朝イチから昼休みを挟《はさ》んで午後2時半まで、120人分の生徒の読書につきあうことになったのだった。終わってまず言えることは、このプロジェクトには90分1コマが最適だということ。45分では、全員がようやく本を選び終えたらあっという間にチャイムという感じだ。

本を選ぶところでは、かなりの生徒が私にもアドバイスを求めてきたが、これは当該《とうがい》3クラスの生徒の大半が顔見知りであったことが大きいと思われる。特に、読書の経験が乏《とぼ》しい子ほど、初対面の大人に、自分の読みたい本（読まなければいけない本）について聞いてみようなんて思うはずがないからだ。

つまり言えることの2つ目は、「役割」で本を勧《すす》めるのは難しいということだ。これは学校司書だけではなく、教師でも同様だと感じた（ももちゃんは、着任したばかり）。「司書」だからとか、「教師」だからというよりも、生徒にとってなじみがあることが肝心《かんじん》だ。

　また、ある男子は初対面ながら気さくに応じてくれたので、調子に乗って「これは？　だめ？　じゃあ、これなんかどう？」とやっていたら、心底気持ち悪いという顔で「ここの本、全部読んでんの？」と私に尋《たず》ねたのだ。

　で、言えることの３つ目。彼《かれ》らにとって「読書好き」＝「変なやつ」の公式は成り立つことのほうが多い。日本の学校文化における読書の立ち位置の現実を突《つ》いていることは否めない。

　４つ目。授業の流れ③で、書誌情報を書いて提出するところが実に大変だった。「書名」って何？　「著者名」って何？　という質問

「どれにしようか？」

ページをめくるうち静寂につつまれる図書室

にいちいち答えるのを途中《とちゅう》で止めて、ほら、本のここのところは「奥付《おくづけ》」と言ってね、書かなきゃいけないことがぜーんぶ書いてあるんだよ！　と教えることにした。みんな素直に「ホントだー！」と書いているからおかしい（小中学校で教わってこなかったんかい！）。

そして、言えることの5つ目は、読ませれば生徒は読むということだ。クラスによって、本を選ぶまでの空気は当然違《ちが》う。ところが一《いっ》旦《たん》読むモードに入ったら、必ず図書館に不思議な静寂《せいじゃく》が訪れる瞬間《しゅんかん》があるのだ。感動してしまいそうになる。いつもこんな濃密《のうみつ》な静《せい》寂《じゃく》に浸《ひた》っているという人には、きっとわからないだろう。ももちゃんと司書室で話すこともできず、ひそひそ声でというよりは、ジェスチャーで会話するはめになる。この得難さ。

生徒のレスポンス

ももちゃんプロジェクトの第1回目における学校司書としての気付きは、以上のようなものだった。「先生、5月は図書館行ってないね」と生徒が言うんですよと、うれしそうなももちゃんである。

その後月イチ「読書プロジェクト」は、「本を授業で半強制的に読ませるのはどんなもんだろう？」という大人側の懸念《けねん》を払拭《ふっしょく》する展開を見せた。以下は、冬休み直前に行った授業に対するアンケートの結果である。もちろん授業の感想なので、基本的にネガティブな意見は少ないことをわかった上でも、結構興味深いものがある（抜粋《ばっすい》および傍点《ぼうてん》筆者）。

1．4月からの国語の学習で、印象に残っている教材、活動、あるいは授業を通して自分自身でこんな力がついたな、ということがあったら書いてください。

図書館で月一度授業？　読書とかするのはイイと思う。／図書館で活動したのが、何かはじめての体験だし、本を読む時間がとれてよかったです。／一か月に1回授業で図書館に行く時間があったのがきっかけで、一カ月に1～2冊くらい本を読むようになった。／図書館で本を読む。これはすばらしいと思います……!!　本を読む機会が以前と比べて増えました。図書館に行く暇《ひま》がないので授業で使えてほんとうによかったです！／本にふれる機会が増えた。＆少し読むようになった。／図書館に行くのは気分転換《てんかん》にもなりよかった。／図書館の利用を通して本を読むようになったこと。

／図書館での学習が多くてよかった。／図書館での授業が印象的だった。今までの授業ではないものだったから。／本をよく読むようになった。借りた本全部読めた。／月に1回、授業で図書館に行って本を借りてるけど、4月から比べると本を読むペースや冊数（一日1冊とかのときも……）、図書館を利用する回数が増えた!!　読書ラブ／一カ月に1冊読書！／本を読むことの関心が高まった。あと国語力がついたと思う。／読書の授業のおかげで本を読む機会ができた。今年は『こころ』も含めて2冊も読めてよかった。

2．担当（百木）への授業の面での希望などがあったら書いてください（すぐ反映はできないかもしれませんが今後努力します）。

もっと図書館に行く回数を増やしてほしい。／もっと本を読む時間が欲しい／図書館に行く回数を、月2回ぐらいにしてくれるとうれしいなぁ……／これからも、図書館で本を探したいです。まだまだ「いい本」を見つけてないので……／図書館がもっとあってほしい。ノートはあんまり書きたくないです。／これからも、図書館に行って、本を借りたい☆／今後も続けてほしいです！／月に一度の図書館は、けっこう好きだったので、続けてほしいと思います。／図書館を月1じゃなくて月2回にしてほしいよー。／難しいと思いますが、古典でやったような図書館での勉強が多いとよいと思います。／本の紹介文のスペースをもっと大きくしてほしい。／『こころ』のように何かおすすめの本をみんなにくばって

よむのをまたやってほしい。

（国語Ⅱプリント vol. 32より）

読書における進化論

そういうわけで、昨年度「読まない」学年ベスト1だった彼《かれ》らは、今年度間違《まちが》いなく「読む」学年ベスト1になる。年度末統計が楽しみだ。わくわくする。でも、この「わくわく」はどちらかというと、学校司書としての営業成績が上がったというような卑小《ひしょう》なわくわく感であって、決して「生徒のみなさんが本を読むようになってうれしい」といった類《たぐい》の高邁《こうまい》な高揚《こうよう》感ではない。こちらは「読書」の時間の効用における量的側面。つまり、読まれた本の数や貸し出し冊数の数の話。

　では、数では測れない質的側面はどうか。件《くだん》の3クラスのなかでいちばん「はっちゃ

読む楽しみを知れば、つぎもつぎもと借りていく

け」ているクラスのなかでも「はっちゃけ」ている男子のことを話そう。

月ごとに現れるたび髪形《かみがた》が激変《げきへん》している彼《かれ》、サッカー少年こばやしくんは、1回目、本を選ぼうとせずにカウンターに陣取《じんど》って私とおしゃべりした。残り5分で「何かない？」というので森絵都《もりえと》の『カラフル』（ちょうど返ってきていた！）を手渡《てわた》す。つぎの日わざわざ「おもしろかった」と言いに来る。

2回目、顔を見るなり「何かない？」。金《かね》城一紀《しろかずき》の『レヴォリューションNo.3』（『GO』が貸し出し中だったので）を手渡《てわた》す。

3回目、「おもしろかった。でもちょっとわかりにくいところがあった」「何かない？」。届いたばかりでとっておきの1冊、森絵都の『永遠の出口』を手渡《てわた》す。その数日後、世界史の授業で図書館にやって来て、会うなり「あれすごくよかった！」と始まって、滔々《とうとう》と『永遠の出口』がいかにいいかについて語り倒《たお》す。

「すごいよかったからゆうちゃん（同じクラスの女子）に読ませてる」と又貸《またが》し行為《こうい》も悪びれず報告。ま、いいか。「又貸《またが》し」という概念《がいねん》すら知らないのだろう。ゆうちゃんには私から早く読んでと言っておくことにする。

その後しばらくは、こばやしくんが何を選んで読んでいたかは知らない。

ある日、放課後になったばかりの図書館に駆《か》け込《こ》んできて、「あれ、おもしろかった！　あれ！　あれ！」（なんだよ）、「あの、たくみ（サッカー部の男子）に貸したやつ、あんじゃん！　なんとかの祈り！　オーデュボン……の祈り！」（また又貸《またが》りかよ）、「もひとつあんじゃん！　伊坂《いさか》？　の！　それも、おもしれえ！」（それも又貸《またが》りかよ）、「ずっと読んでくと、はじめのほうにあったことがおおっ！　ってわかる、そこがうまい！」。「それ、伏線って言わない？」と返すと「伏線？　あ、そうかもしんない。それがすげーの」と語り倒《たお》しておいて部活に行った。

　この熱い思いの源は、伊坂幸太郎《こうたろう》の『オーデュボンの祈り』と『陽気なギャングが地球を回す』である。その当時、私はまだ読んでない。けれど、確実に読みたくなる語りだった。こばやしくんの友人とは知らなかったが、たくみ、ゆうた、まさきという2年生男子3人組みの読書家が、今年になって彗星《すいせい》のごとく現れた。彼《かれ》らにどうかなと思って、ネット上でなんとなく評判がよいと感じた伊坂幸太郎の本を2冊だけ購入《こうにゅう》して勧《すす》めてみたのだが、それが大当たりだったわけだ。彼《かれ》らが3人のあいだだけではなく、さらに広い交友関係の中でおもしろい本を融通《ゆうづう》し合っている！　しめしめ。

　しかし、読まない紀→いやいや読む紀→一言感想紀（2足歩行自立的読書期）→感想語り倒《たお》し紀（交友関係あぶり出し読書期）とわかりやすい進化を短期間で遂《と》げたこばやしくんの事例は、倦怠《けんたい》読書紀、変態読書紀など幾《いく》多《た》の変節を経て来たわれわれから見ると、新《しん》鮮《せん》というか、そんなんでいいんかというか、なんというか。

学びのヒント8　きっかけをつくる。

エピソード 9 相原高校図書館あいでぃあ局

ハイチュウ、写真湧き上がるアイデア

神奈川県立相原高等学校《かながわけんりつあいはらこうとうがっこう》

相原高校は農業と商業を学べる専門高校で、学年が異なるコース6クラスで編成され、3年間クラス替《が》えがない。商業科J組の男子は少数派で、固まって行動していた。その中でも、じゅんくんは少し浮《う》いた存在のようだった。

そんなじゅんくんの数少ない理解者が、「ハイチュウ友の会」の会長ゆっくんだ。

出会いは掃除《そうじ》の時間

じゅんくんとの出会いは、掃除《そうじ》の時間だった。図書館掃除《そうじ》当番の初日、出会った瞬間《しゅんかん》にハイタッチを求められたので応じたら、「ノリいいね～」と気に入られたようなのだ。

翌日から、2年J組の男子を引き連れて、昼休みも放課後も図書館に来るようになった。

「ハイチュウ友の会？　何それ？」

「めずらしいハイチュウを交換《こうかん》し合う会。俺《おれ》が会長で、T先生が副会長」

「いいねえ、それ！　図書館でやらない？　ハイチュウ選手権とか」

そう、もちかけてみた。すると、ゆっくんもじゅんくんも、会うたびに「ハイチュウ選手権やろうよ！」と言う。本気と見たので、いいよ、何やる？　とスタートした。

ハイチュウ選手権

昼休みや放課後に、司書室に集まっているJ組男子や、図書委員広報班や、その友人たちと雑談しながら、アイデア出しをする。じゅんくんから湧《わ》き上がるアイデアはとめどなく、それに触発《しょくはつ》されて理想のブレーンストーミングが展開した。実現可能なものに絞《しぼ》って、目《め》隠《かく》ししてハイチュウの味を当てる「利きハイチュウ」と、一度にどれだけ片手でつかめるかを競う「手づかみハイチュウ」をやることになった。

まず、副会長のT先生が参加できる日程を押《お》さえた上で、なるべく参加者が多い日を決める。開催《かいさい》日時が決まったら、つぎは広報だ。その年に創刊された図書館報『あ、パンだ！』（初代編集長がパンダ好きであることと、学校に漂《ただよ》う食品科学科の焼くおいしいパンの香りのイメージをかけ合わせたネーミングである）では、イベントの告知に合わせてハイチュウ特集を組んだ。J組のロックンローラーきざわくんが、ハイチュウに捧《ささ》げるハイチュウソングをオリジナルでつくって提供してくれたり、ハイチュウをめぐるお菓子《かし》の相関図「ハイチュウ家系図」をみんなでつく

盛りあがったハイチュウ選手権！

ったり、充実《じゅうじつ》の特集ページができあがった。

イベント当日は、参加者7名とこぢんまりしていたが、「利きハイチュウ」も「手づかみハイチュウ」も、ものすごく楽しかったのだ。これは、ぜひ一度試してみてほしい。このイベントづくりを通して、農業科と商業科というコースの壁《かべ》を越《こ》えた交流が生まれる貴重な場にもなったし、図書委員とそれ以外の活動の壁《かべ》も取り払われたと思う。

自分あるばむ

翌年の文化祭では、3年生になって図書委員になったじゅんくんはじめ「ハイチュウ選手権」に参加した生徒たちが中心となって、「自分あるばむ」というイベントを行った。

当時、相原高校図書館でも人気だった『うめ版』（三省堂《さんせいどう》、2007年）を世に送り出した編集者が、『コンサイス アルバム ディクショナリー』という、まったく新しいコンセプトの本を作っていた。見開き右側に辞書の言葉がひとつとその意味が置かれ、左側に、その言葉に合わせて好きな写真が貼《は》れるようになっている。本と言えるかどうかも微妙《びみょう》なこの本のプロモーションの段階で、「高校生がどんな反応をするか見たいから、モニターやってくれない？」と件《くだん》の編集者に頼《たの》まれた。何をどうするかはまっさらな状態で、じゅんくんにもちかけてみる。

「文化祭で、この本使って何かやらない？」。じゅんくんは、「やろう！　やろう！」と即答《そくとう》だ。コアメンバーを募集《ぼしゅう》して、ハイチュウ選手権の時のように、アイデア出しから始めた。図書委員会というよりは、有志企画《きかく》にしたいとか、写真使うなら写真部ともタイアップとか、3年生らしい、組織に目がいく発言も出る。写真部との折衝《せっしょう》も積極的に行って、結果的に、有志、図書委員会、写真部という前代未聞の三《み》つ巴《どもえ》共催《きょうさい》が実現した。

辞書から選び抜いた、たくさんの四字熟語

生徒の進行で盛り上がるワークショップ

当日は、写真部の作品展示、三省堂の編集者石戸屋直紀《いしどやなおき》氏の講演、「自分あるばむ」ワークショップを行った。

ワークショップでは、まず、「コンサイス アルバム ディクショナリー」シリーズから、出版前の『四字熟語辞典編　一期一会』を使って、そこから「和気藹々《わきあいあい》」や「完全無欠」など、好きな四字熟語をひとつ選ぶ。つぎに、自前でもいいし、写真部がたくさん用意してくれたなかからでもいいので、自分で合わせたいと思う写真を選ぶ。写真と辞書の言葉を組み合わせる。そして、できあがった作品に、シールを貼《は》って投票する。

これだけでも楽しいが、そのあとの結果発表と、作者による解説がまた楽しいのだ。発表部分の仕切り役は、じゅんくん、ゆっくん、きざわくんたちコアメンバーだ。ふだん図書館でグダグダしている彼《かれ》らが、相原高校の管理職や一般《いっぱん》の方々も多数参加してくださった中、なかなかの采配《さいはい》ぶりで場を盛《も》り上げてくれたのだった。

本は2009年に無事出版され、ワークショップで使った相原高校生の写真が帯に採用された。

相原高校図書館あいでぃあ局

そのようにして文化祭も終わり、卒業が近づいて来たころ、じゅんくんが相談をもちかけて来た。クラスの卒業文集を作りたいというのだ。農業科では担任主導のクラス卒業文集が伝統的にあったが、商業科にはなかった。「作るなら、全員に参加してもらわなくちゃ、やる意味がない」とじゅんくんが言う。J3組は、男子と女子の仲があまりよくない。実現させるために越《こ》えなくてはならない数々の難所が思い浮《う》かんだ。でも、だからこそ「全員」なんだろう。全面的にバックアップするよとはげました。

予算がない中、どのような体裁の文集にするのか、一人分の文字数はどのくらいにするのか、発行日から逆算していつまでに原稿《げんこう》を集めるべきかをまず考える。この部分のアイデア出しが大事なことは、じゅんくんは、もうよくわかっていた。それに、その作業は楽しいということも。写真屋さんでアルバイトしていた経験を活かして、現像すると無料でもらえるサービス版を収めるアルバムに、文章や写真を差し込《こ》んで作るというアイデアが出てきた。すばらしくユニーク、そして秀逸《しゅういつ》だ。

実際の原稿《げんこう》集めは、やはり難航したようだ。

しかし結果的に、クラスの全員からだけでなく、J3組にかかわった先生方一人ひとりからも原稿《げんこう》を集めて、手作りのクラス文集60冊を卒業式に間に合わせることができたのだった。最終段階の手を動かす作業になると、クラスの女子のなかからも協力者が現れたこと自体、じゅんくんの文集にかける情熱のなせる業だったろう。すべては、ほとんどじゅんくん一人によるものだ。

文集のタイトルは、『J3版×一期一会』。じゅんくんによる「まえがき」には、つぎのように書かれている。

　表紙のアイディアは、三省堂の『うめ版』（石戸谷直紀編・三省堂、2007）を参考にして作りました。編集者の石戸谷さんには、3年生の時の文化祭でお世話になりました。文化祭のワークショップ（自

『四字熟語辞典編　一期一会』（右）と『J3版×一期一会』　　編集部撮影

分あるばむ)で、四字熟語と写真を組み合わせるという事をしたのですが、それが本となり三省堂から出版されました。

文集がすばらしい出来だったこととは別の次元で私が感激《かんげき》したのは、その「奥付《おくづけ》」だ。「発行所　相原高校図書館あいでぃあ局」と書かれていたからだ。学校図書館が生徒にとってこうなればいいなぁと取り組んできたまさにそのコトを、「あいでぃあ局」と、生徒がぴったりの言葉にしてくれたことが、ほんとうにうれしかった。

学びのヒント9　楽しいコトに味をしめる。

2章

カラフルな学びの場になるための方法

学びのヒントから考える

生徒たちの学びが起こるきっかけ

9つの学びのヒント

自分でやりたいという意欲、さらによいものをつくり出したいという意気込《いきご》み。これこそが、学びの原点だ。そして、学びとは、気付き、変化することだ。1章のエピソードに登場する生徒たちは、「やりたい」と自発的になっていく過程があり、その結果、楽しむことを通してさまざまな気付きや変化が起こっていった。そして、その「楽しい」や「やりたい」は他者につながり、広がっていく。このような生徒たちの変化や他者への影響《えいきょう》が起こるきっかけを、各エピソードの最後に「学びのヒント」として示した。ここでふり返ってみよう。

・学びのヒント1　楽しそうな活動を見せる。

生徒たちは、先輩《せんぱい》の楽しそうな活動にこそ触発《しょくはつ》される傾向《けいこう》がある。教師の教えよりもよほどインパクトがあるらしい。エピソード1では、前年度の文化祭での先輩《せんぱい》たちの楽しそうなようすや、できあがった雑誌を目にして、自分もやりたいと考える。特にすばらしいのは、先輩《せんぱい》たちよりもっといいものを作るぞという意気込《いきご》みに満ちていることだ。

・学びのヒント2　要望は口に出してみる。

生徒たちは、学校では個人的な要望なんて聞いてもらえないと思いがちだ。小学校からの義務教育を通して、わがままはもっとも許されないことと学んでしまっているからかもしれない。しかし、まっとうな要望は口にする権利がある。それがまっとうかどうかは、文脈によるのだし、第一口にしなければ、他者には決して伝わらない。学校図書館は、要望を口にしてそれが受け止められるところ。そのことを通して、「言ってみるもんだねぇ」という体験をたくさんすることが大切だ。

・学びのヒント3　知識が、考える人をつくる。

知識を編集して新たなものを生み出すためには、知識に幅《はば》と奥行《おくゆ》きが必要だ。エピソード3のように、知らなかった知識を得たことが、自分の表現につながることはよくある。表現する過程で、もっと広く深い知識が必要なことにも気付く。知識をインプットする学びと新たなものをアウトプットする学びを交互《こうご》にくり返すことによって、思考が深まる。

・学びのヒント4　敢《あ》えて弱い情報を出す。

教師が明快な指示を出すことは、授業を進める上での基本だ。しかし、生徒に考えさせることを目標にした場合、あるポイントだけは敢《あ》えてぼかしておくことも手法としてはありうる。エピソード4のように、多様なとらえ方が可能なテーマ設定をすることで、生徒はどのようにテーマを絞《しぼ》るかを考え始める。明快過ぎる指示、つまり強い情報によって、思考停止に陥《おちい》る可能性についていっしょに考えてみることも時には必要だし、おもしろい。

・学びのヒント5　うまくいかなかった経験こそ、チャンス。

トライアンドエラーで、人はよりよく学ぶことはよく知られている。失敗しながらできるまでやり通す。それをクリアしたら、もっと高度な技に挑戦《ちょうせん》する。好きなことでの試行《しこう》錯誤《さくご》は楽しい。学校も本来、思い切り失敗して試行錯誤《しこうさくご》するための場所のはずだが、失敗を恐《おそ》れたり、大失敗した経験がない生徒たちは、意外と多いと感じる。だから、ダメ出しされた時にはすぐ折れる。いっぱい失敗しよう。うまくいかない時、正攻法だけでなく、前後左右上下斜《なな》めの視点から乗り越《こ》える方法を考えることこそ、成長のチャンスだからだ。

・学びのヒント6　正解のない問いをいっしょに考える。

何でも知っている教師に何も知らない生徒が教わるという方法では、学べないことがたくさんある。答えがひとつではなく、教師にも明快な答えが出せないようなテーマは、個々で考えることには限界があり、生徒同士、また教師も交えてともに考えることでしか学べない。教師が生徒の考えを受け止めて、生徒の見えていない視点に気付かせる役割を担うことで、生徒の学びが深まる。

・学びのヒント7　越境《えっきょう》せよ。

異文化との交流は、インパクトの大きい学びの機会だ。いかにおもしろいヒトやモノが自分のテリトリーに入ってきたとしても、自分の意識が閉じていたら交流は起こらない。無意識にもっている自分の枠《わく》を意識化して、その外に踏《ふ》み出してみよう。

・学びのヒント8　きっかけをつくる。

大人がきっかけをつくったり手助けをすることで、子どもは、自分では解決が難しい課題を解決できるようになる。きっかけさえ与《あた》えれば、成長

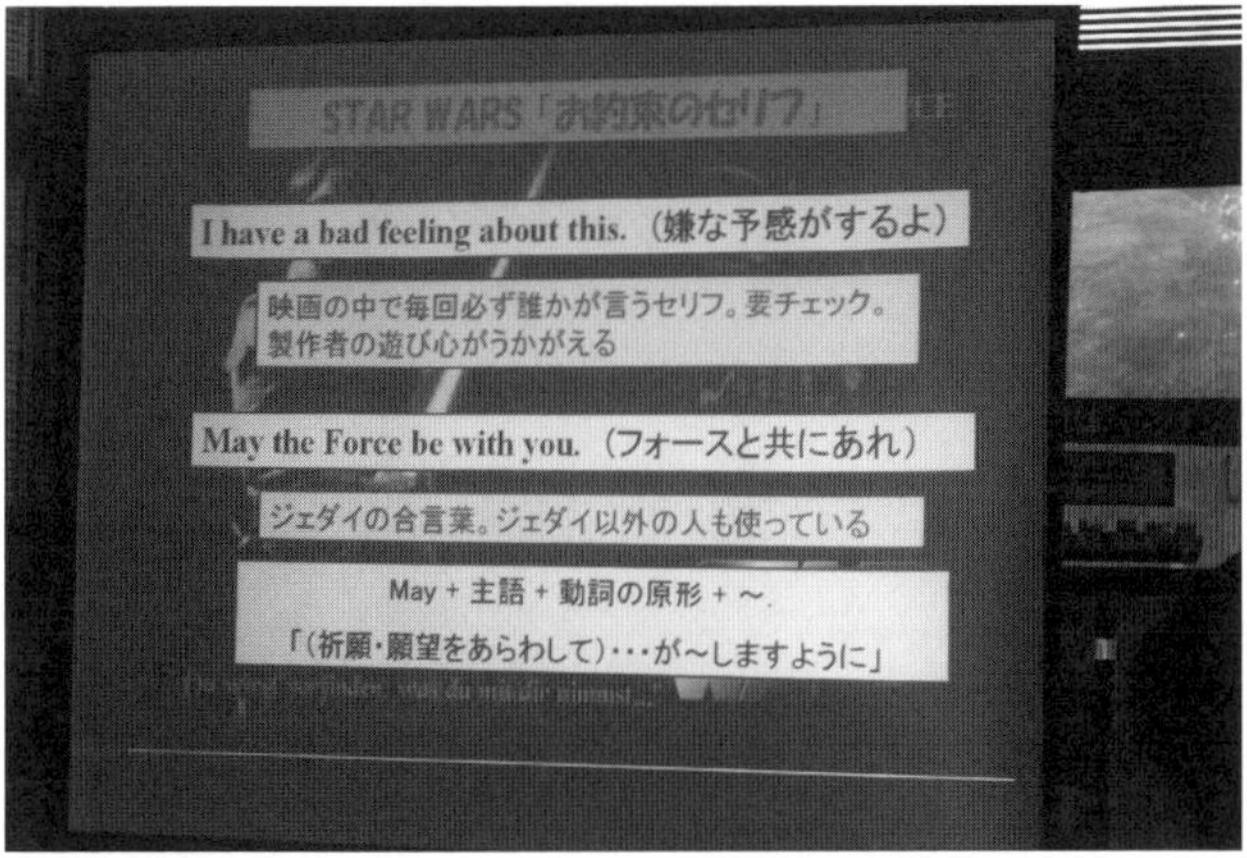

大和西高校図書館では映画「STAR WARS」イベントが英語を学ぶきっかけにも

「楽しい」「やりたい」からアイデアが湧きあがったハイチュウ選手権（70ページ）

が起こる場合がある。また、楽しそうに本に没頭《ぼっとう》するようすを見せるというように、大人が、具体的なやり方のお手本を子どもに見せることも、学びのための有効な方法だ。

・学びのヒント9　楽しいコトに味をしめる。

あー楽しかった！　という経験をすると、またやりたくなる。モチベーションが上がるのだ。前回の足りなかったことを反省して、さらに楽しくするにはどうしたらいいか考えるようにもなる。結果、完成度が上がり楽しさは増す。そしてまた……。このように、一度味をしめると、楽しさへの探求は続く。

9つの学びのヒントに込《こ》められている重要な学びの要素は、「楽しさを感じられる活動」「刺激《しげき》や手助けをくれる他者の存在」「環境《かんきょう》にみずから働きかける意欲」である。

自分にとって意味のあることには進んで取り組み、試行錯誤《しこうさくご》も楽しい。このような「楽しさを感じられる活動」が起こるためには、「刺激《しげき》や手助けをくれる他者の存在」が重要だ。誰《だれ》かが楽しそうなことをしていると、自分もやってみたくなる。友だちや先輩《せんぱい》、時には後輩《こうはい》、あるいは、たまたま居合わせただけの知らない生徒など、同じ学校の生徒はいちばんの刺激《しげき》だ。少し難しい課題や、視点を変える必要がある時は、教師や学校司書からヒントがもらえるだろう。学校外部の大人は、異なった文化の衝突《しょうとつ》を体験させてくれる。このような刺激《しげき》や手助けを、自分も他者に与《あた》えることができるようになると、さらに楽しさを感じるはずだ。失敗してもいいから、みずから環境《かんきょう》に働きかけるようにもなる。要望を口に出して他者とコミュニケーションを図ることや、自分には足りていない知識を得ようと本を読んだりもする。その結果、経験や知識が増えて、新たな楽しさを感じられる活動につながることもあるだろう。

学校図書館は、「楽しさを感じられる活動」「刺激《しげき》や手助けをくれる他者の存在」「環境《かんきょう》にみずから働きかける意欲」が起こりやすい場所の要件を、本来備えている。多様なメディアがそろっていて、多様な人が集まる場所だからだ。そして、授業だけでなく課外の活動も、学校だけでなく学校外の生活にかかわる活動も支援《しえん》する場所だからだ。

イミあるモノとコトから考える

生徒にとって価値ある学校図書館とは？

学校図書館のイミ

しかし学校図書館だからといって、放っておいて「楽しさを感じられる活動」「刺激《しげき》や手助けをくれる他者の存在」「環境《かんきょう》にみずから働きかける意欲」が生まれるわけではない。学校図書館が生徒にとって「イミある場所」になることからしか、何も始まらない。そうでないと、多様な生徒が来館しないからだ。

価値を見出せない勉強や作業について愚痴《ぐち》る時、イマドキの高校生なら「やるイミ！」と言うところを、20年前の高校生は、「イミねーよ！」と言っていた。「俺《おれ》、世界史イミねーよ！」「俺《おれ》、学校イミねーよ！」というように。だからまず、学校にいる一人ひとりにとって、その時「イミある」モノやコトって何だろう？　と問うことから始めなくてはいけない。

一般《いっぱん》に生徒たちは、「イミない」モノやコトにはとても敏感《びんかん》だが、「イミある」モノやコトには意外と気がついていなかったりする。このような、本人も気付いていないモノやコトへの欲望を「潜在的《せんざいてき》ニーズ」と呼ぶ。一方、「ねぇねぇ、K-POPの雑誌ないの-?」「ユーチューバーの本、見たい!」というような、はっきりしたモノやコトへの欲望は、「顕在的《けんざいてき》ニーズ」である。このような明確なニーズには、大切にていねいに対応するように心がければよい。しかし、潜在的《せんざいてき》ニーズは、問い、観察し、掘《ほ》り起こすことから始める必要がある。この作業を、「イミあるモノ・コトの研究」と呼ぶ。

イミあるモノの研究

モノの研究では、本、マンガ、雑誌、写真集、絵本、バンドスコア、CD、DVD、インターネットなど、当然学校図書館にあるべき資料の、高いイミあり度を保つことがまず基本である。

たとえば、赴任《ふにん》したばかりの図書館で、30タイトルの雑誌中2タイトルがギャル雑誌だったとする。『egg』(大洋図書《たいようとしょ》)と『Ranzuki』(ぶんか社《しゃ》)である。そこに、別のギャル雑誌『Popteen』(角川春樹事務所《かどかわはるきじむしょ》)のリクエストが来る。着任したてのタイミングで受け取ったリクエストには、ぜひとも応えたい。最初が肝心《かんじん》だから。そこで、ギャル雑誌のどちらか1タイトルとの変更《へんこう》で対応しようと考え、ギャル系の生徒に意見を聞いてみる。すると、「全部系統が違《ちが》うから、どっちもやめちゃダメ！」と、きっぱりした答えが返って来る。そしてその3誌がいかに異なるかを、明快かつ熱く語ってくれる。締《し》めくくりに、学校図書館の定番タイトル『non-no』（集英社《しゅうえいしゃ》）を指してひと言、「これとか、誰《だれ》も読んでないよ」と解決策まで提案してくれる。

しばらくようすを見ていると、確かに『non-no』はまったく手に取られていない。というわけで『non-no』購読《こうどく》をやめ、ギャル雑誌を3タイトルとも残すことにする。しかし、時代は移ろう。2014年に『egg』、2016年に『Ranzuki』が休刊する。その少し前から、生徒の見た目は、ギャルから清楚《せいそ》に変化しつつあった。「今、教室では『non-no』が人気だよ」と教えてくれた生徒がいて、『non-no』の復活が決まる。

このように、いわゆる学校図書館資料というモノと生徒のニーズの関係についての研究には終わりがないだけでなく、常にスピードが求められる。

資料をベースにして、さらなるモノの探究に勤しむ。たとえば、ソファー。ある日、男子高校生が図書館のソファーに倒《たお》れ込《こ》みながら放ったひと言「俺《おれ》、ソファーしかイミねーよ！」を耳にしてから、私のソファーへの着目が始まった。観察を重ね、わかってきたことは、特に男子はソファーが大好きということだ。とにかくそこに座るためだけにやってくる男子たちが存在し、その行動が定着した後で、その辺にある資料に手を伸《の》ばすようになることもしばしば観察された。また、ソファーの争奪《そうだつ》戦からは、生徒間の人間関係までもが、手に取るようにわかる。

あるいは、廊下《ろうか》の壁《かべ》一面をびっしりと飾《かざ》る映画や芝居《しばい》や展覧会のチラシやポスター。観に行くたびに入手して貼《は》り替《か》えるが、その作業は、できるだけ生徒が廊下《ろうか》を歩いている時間帯に行う。すると、「あのー、このチラシいらなくなったらもらえませんか?」と声がかかる。釣《つ》り人の気持ちが少しだけわかる瞬間《しゅんかん》だ。「もちろん!」と答えて、そこから映画談議になることもしばしばだ。ほしいチラシは、その生徒にとって、イミあるモノ度が相当高い。

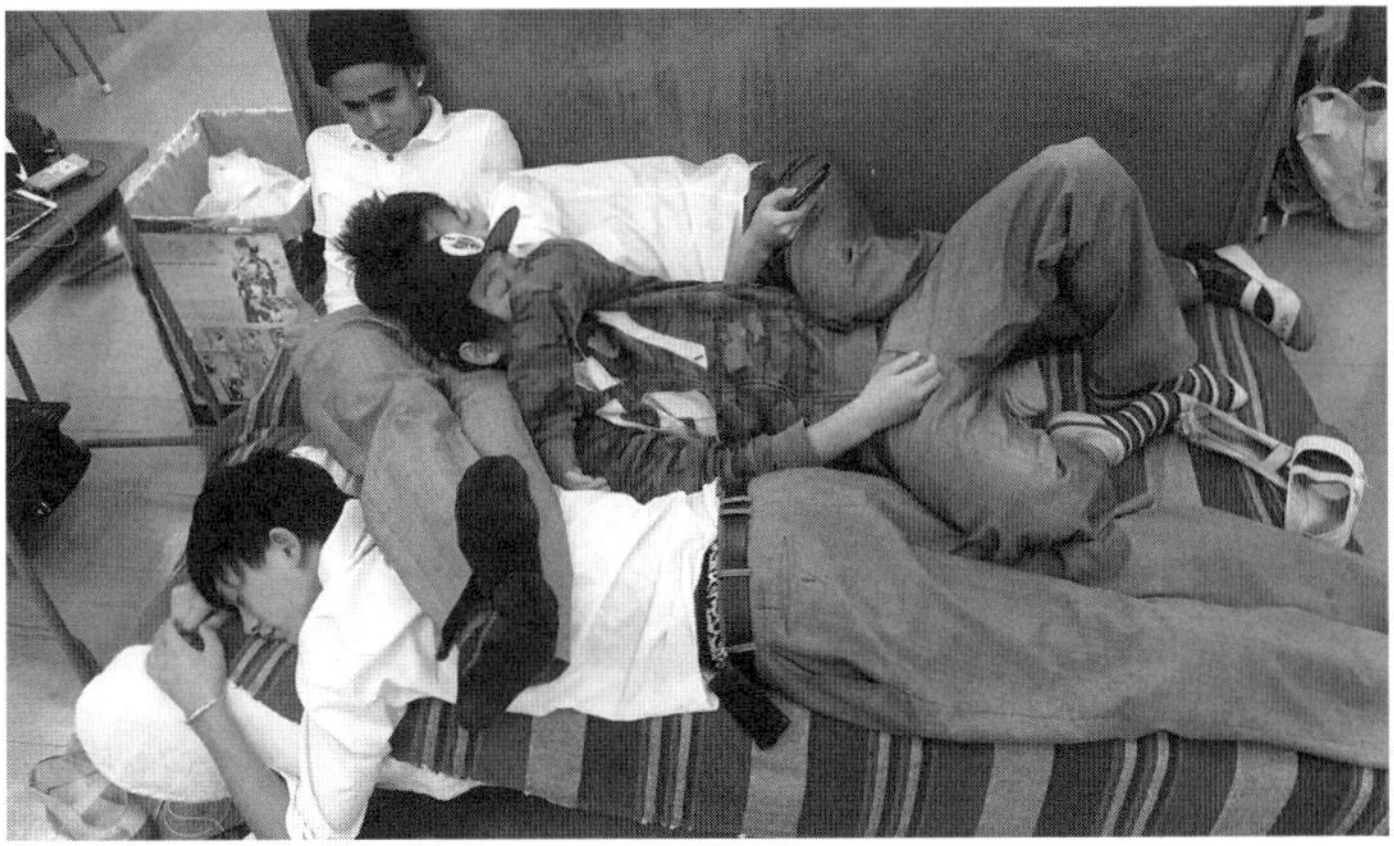

「ソファー大好き!」

生徒から持ち込まれたモノ　編集部撮影

このように、図書館がイミあるモノがある場所とインプットされれば、廊下《ろうか》から中に入りやすくなるし、中に入ってなじめば、資料をリクエストしやすくもなる。

意表を突《つ》くモノほどいい

モノの研究対象には、意表を突《つ》くモノほど適している。ぬいぐるみ、おまけのフィギュア、トランプ、百人一首、囲碁《いご》、将棋《しょうぎ》、チェス、ホワイトボード、観葉植物などは、学校図書館の定番かもしれないが、スピーカー、ギター、ベース、ドラムセット、アンプ、ロッキングチェアー、ペイントした石（大量）、オブジェ、レジのおもちゃ、ボードゲーム、タロットカード、けん玉、競技用ヨーヨーなどはどうだろう。ケアできる人がいれば、水槽《すいそう》を置いてアクアリウムを作るのもすてきだ。ヨーヨーは、けん玉があるのを見た生徒から、それならこれも置いてほしいとリクエストされたものだ。その生徒は、ヨーヨーが確かにうまい。見ていたみんなで褒《ほ》めて以来、技を見せに、技をみがきに、学校図書館にやって来るようになった。

どのようなモノも、図書館には必ず関連する資料があり、またいかなるモノでも、利用されるうちにいつの間にか立派な図書館資料になっていく。傘《かさ》を貸し出ししている図書館は多い。雨が降った途端《とたん》に、ニーズが顕在化《けんざいか》しやすいからだ。同様に、ぬいぐるみの貸し出しも、生徒からの要望で始めた。ふわふわしたモノを抱《だ》いていれば、落ち着いて授業に取り組むことができるという生徒は少なくないのだ。

最近、副校長が、試しに買ってみたというハンドスピナーを、ひとつ図書館にもと持ってきた。目下の大人気グッズとなり、いつも誰《だれ》かが回している。このように、多様なモノがあって使われている場所には、勝手にモノが集まってくる。前述したような意表を突《つ》くモノの多くは、生徒が持ち込《こ》んだ。こうした「持ち込《こ》む」など、学校図書館へのかかわりの有り様についても探究は怠《おこた》らない。それが、コトの研究である。

イミあるコトの研究

一人ひとりにとって使い勝手のいい図書館、居心地のいい図書館を整備していくために、意図的にたくさんの人の手を借りる。たとえば、書架案内《しょかあんない》。田奈《たな》高校では、遠くからでもひと目でわかるくらい大きくしたいと考えた。ベニヤを長径90センチメートルの楕円《だえん》に切り出し、黒板塗料《とりょう》を塗り、文字をチョークで書くことにした。15枚分の切り出し、ペンキ塗《ぬ》り、文字デザインは、それぞれ得意な教員に手伝ってもらった。偶然《ぐうぜん》通りかかった体育科の教師が、いつの間にか嬉々《きき》としてチョークを握《にぎ》っていることもあった。図書館の入り口を飾《かざ》る看板も同じ仕様にして、新しく芸術科の教師が着任するたびに、描《えが》いてもらっている。

無心に作成。看板作りをする教師

このようなかかわりをもった人は、もう図書館に無関心ではいられないはずだ。1章で見てきたエピソードはすべて、イミあるコトの研究報告でもある。こうしたエピソードは物語として語りやすいのだが、もっと日常的なちょっとしたかかわりにこそイミがある。たとえば、壁《かべ》のペンキ塗《ぬ》りを手伝う、廊下の壁《かべ》に掲示された映画のチラシを自分好みのものに貼《は》り換《か》える、壁面《へきめん》へのチョークアート、自作の芸術作品を飾《かざ》る、部活動あるいは個人で作成した文集や写真集を資料として置く、図書館報に取材記事を載《の》せる、寄稿するなど、いずれも、図書館が自分にとってイミある場所になるために大切なコト柄《がら》である。

教職員のニーズに応えることは生徒のニーズを引き出す近道

生徒の潜在的《せんざいてき》ニーズを最大限に引き出すためには、教職員のニーズを把握《はあく》することも肝心《かんじん》だ。教職員には、「潜在的《せんざいてき》ニーズ」と「顕在的《けんざいてき》ニーズ」のほかに、「サイレント・ニーズ」のもち主が多い。「サイレント・ニーズ」のもち主は、「こんなこと学校図書館にお願いできるはずないよね」と、要望があっても言わずに黙《だま》っている。だから、学校図書館としてはあたりまえのサービスをしたのに、「え？ こんなことまでやってもらえるの？」と驚《おどろ》かれたり、「これ、このあいだのお礼です」とお菓子《かし》を持って来られたりすることが、よくある。

典型的なのは、授業の支援《しえん》だ。学校において、教職員にも生徒にもイミあるコトとして鉄壁《てっぺき》なのは、授業である。これを学校図書館と結びつけることは、学校図書館の基本的な機能として、むしろ文部科学省からも奨励《しょうれい》されている。必要な資料を準備するのは当然のこと、その資料を活用して学習を進める方法を教師といっしょに考えたり、成果につなげていくための支援《しえん》も、学校図書館が当然担うべき大切な仕事だ。しかし、それを知らない教師はまだ少なくない。

ニーズが顕在化《けんざいか》していない生徒にとっては、授業はいわば強制されて図書館に来させら

休み時間に自主的に授業の準備

れている状態だが、1時間をその空間で過ごし、資料に向き合い、何かと世話を焼いてくれる学校司書という存在にふれるだけで、その効果は絶大だ。「こんな本もあるんだ！」「図書館たのしー」と、よい評価、つまり彼《かれ》らのニーズに合致《がっち》したということを、大声で知らせてくれる素直な生徒たちに毎回必ず出会う。テーマを考え、調べて、まとめて、発表するという探究的な学習そのものが楽しいと言う生徒も少なくない。こうした授業での経験がきっかけで、自主的に休み時間や放課後に来館するようになる生徒はとても多い。来館する、そのことだけでも、ニーズが顕在化《けんざいか》する機会が増えるので価値があるが、授業の課題を解決するために自主的に来館する生徒たちが現れることは、一足飛びに顕在的《けんざい》ニーズのもち主となっている点で、さらに喜ばしい。

教師は、生徒の学習への取り組みが、教室に比べておしなべてよいことに驚《おどろ》く。ふだん教室で孤軍奮闘《こぐんふんとう》している教師ほど、授業をいっしょに支えるパートナーがいるということからも、多くを学ぶ。1章でも見てきたように、漠然《ばくぜん》としたアイデアの段階から、教師が学校司書と気軽に語りあえる環境《かんきょう》をつくることが大切だ。授業をいっしょにつくるコラボレーション（協働）は、子どもの学びのための対等なアイデア出しから出発し、その授業が目標とする学びに生徒を誘うことができたかどうかをいっしょにふり返り評価するまでを、ワンクールとして考える。そして、コラボレーションは、教師と学校司書という大人のあいだだけでなく、生徒たち、つまり子どもとのあいだにも対等になされなくては、学びが深まらないことに気付く。こうして、教室とは違《ちが》った学習環境《かんきょう》と学習方法のための場所として認識を新たにした教師は、学校図書館にイミを見出すようになる。

授業の成果物を廊下《ろうか》に貼《は》り出し、通る人に見てもらうようにすれば、生徒のモチベーションを上げると同時に、図書館の資料を使った授業をやってみようかなという、新たな教師のニーズの顕在化《けんざいか》をうながすことができる。実際、廊下《ろうか》に貼《は》り出した成果物を、じっくり見ている教師をよく見かける。授業の成果物（モノ）が、新たな授業実践《じっせん》（コト）を生み、そこからまた成果物（モノ）が生まれる。

このように、生徒や教職員が学校図書館に何らかのイミを見出すようになると、モノとコトは自然と循環《じゅんかん》し始める。気に入った本というモノを借りるコトも、その本を返しに来たついでに学校司書と感想を共有するコトも、ひとつのモノとコトの循環《じゅんかん》である。来館する生徒や教職員が数多く多様であればあるほど、循環《じゅんかん》は絶え間なく多様に起こるようになる。そのような循環《じゅんかん》のプロセスに、カラフルな学びのチャンスがある。

学校司書の役割

学校図書館で起こる学びをファシリテートする

学びの起こるプロセス

学校図書館におけるカラフルな学びは、おおむねつぎのようなプロセスをたどって起こる。

(1) 学校図書館を、生徒や教職員それぞれにとってイミのあるモノやコトのある環境《かんきょう》にするための、探究が重ねられる。
(2) 生徒や教職員が多様に来館する。
(3) 学校図書館でモノとコトが多様に循環《じゅんかん》する。
(4) 学校図書館で多様に学びが起こる。

このプロセスで重要なのが、学校司書の仕事である。学校司書の仕事の基本は、ファシリテートだ。ファシリテート（facilitate）には、「容易《ようい》にする」や「促進《そくしん》する」という意味がある。完璧《かんぺき》なお膳立《ぜんだて》てをしたり、ある一定の方向に物事を進めたりするのではなく、物事が起こりやすくなるような環境《かんきょう》を整えたり、停滞《ていたい》した時に動き出せるように助けたりすることが、ファシリテートすることだ。

学校司書の役割

学校司書は、生徒、教職員の顕在的《けんざい》、潜在的《せんざい》ニーズにヒットし続けるための環境《かんきょう》（空間、ツール、リソース）を整える努力をし、まずは来館をファシリテートする。来館した多様な人は、それぞれにとってイミあるモノやコトを見出したり、要求したり、自分でつけ加えたりしていく。学校司書は、その作業を手助けする。そうするうちに、さまざまなモノはコトを生み、また、コトからモノやコトが生まれる循環《じゅんかん》が起こる。その循環《じゅんかん》をうながすのも、学校司書の役割だ。

そのプロセスで、そのつど、生徒や教職員に多様な学びが起こる。つまり、学校図書館がカラフルな学びの場所になる。学校司書が学校図書館をカラフルな学びの場所にするのではない。学校図書館がカラフルな学びの場所になるようにファシリテートするのである。

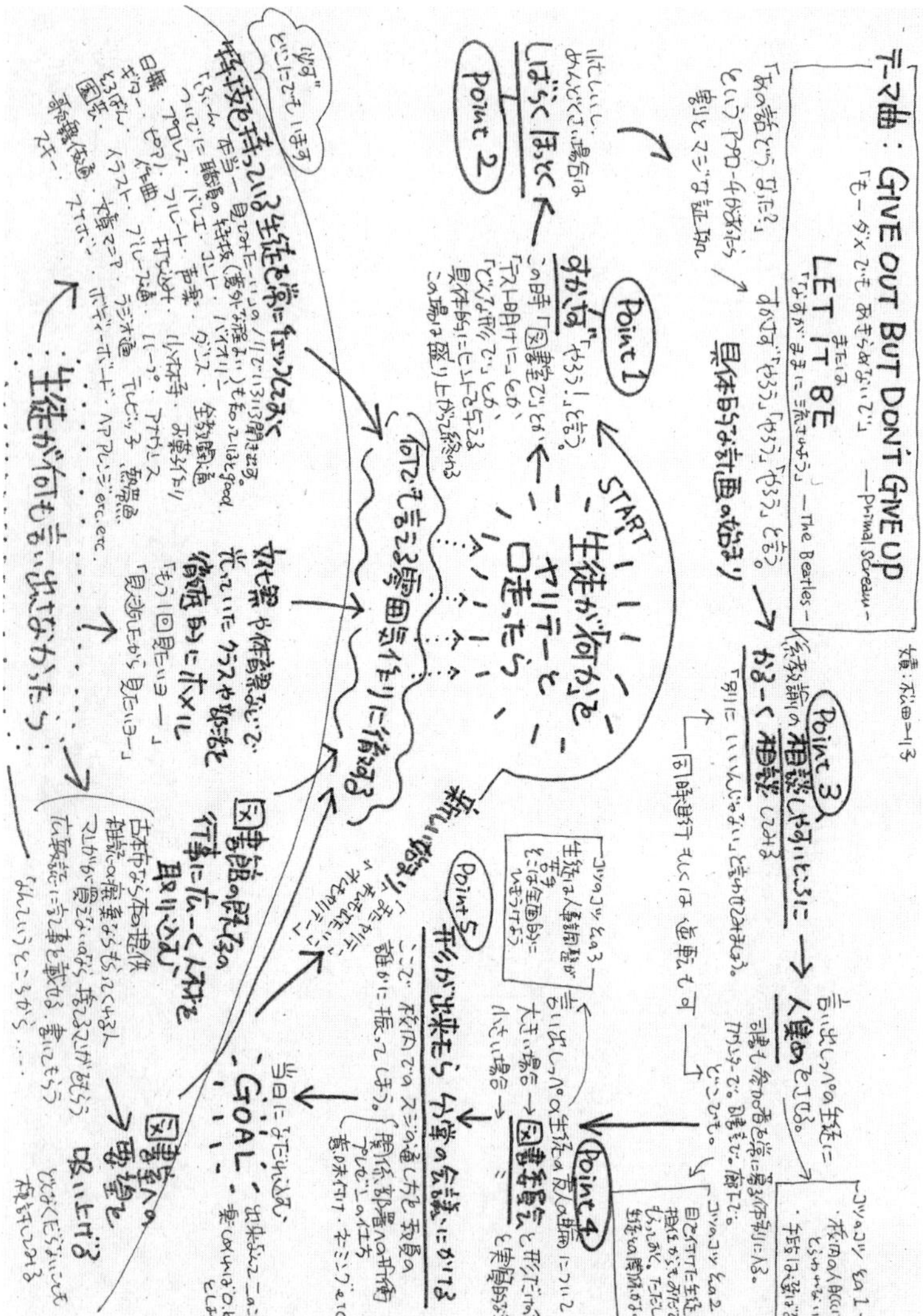

生徒発のイベントをファシリテートする方法の具体例　　1997年筆者作成

場所としての学校図書館

ヒト、モノ、コトが集まる場所

影響《えいきょう》し合い、循環《じゅんかん》する情報

1章でも見てきたように、学校図書館にやってくる生徒や教職員は、さまざまな情報を求める以前に、さまざまな情報をたずさえてやってくる。学校図書館にやってくるヒトは、重要なメディア（情報を媒介《ばいかい》するもの）なのである。これらヒトのもつ情報を、必要とするヒトに出合わせることは、アナログ資料やデジタル資料の情報と出合わせることと同等か、場合によってはそれ以上に重要だ。生徒や教職員の必要とする情報へのアクセスを保証することは、学校図書館の基本的な使命だからだ。

また、学校図書館で多様なヒト、モノ、コトが影響《えいきょう》し合い、循環《じゅんかん》することは、生徒の自主的な表現活動を保証するためにも必須《ひっす》だ。ヒトの情報は学校図書館のコレクションに影《えい》響《きょう》し、コレクションは、またヒトの情報に影響《えいきょう》する。そこに、新しい知的創造が生まれる可能性があるからだ。

ヒトは、生徒や教職員に限らない。保護者や、時には学校外部からやって来る場合もある。

「ぴっかりカフェ」

田奈高校では、毎週木曜日の昼休みと放課後、図書館にカフェが開店する。その名も「ぴっかりカフェ」。心地よい音楽が流れ、無料のドリンクやお菓子《かし》を楽しみながら、生徒は少し特別感のある時間を過ごすことができる。誕生日《たんじょうび》の生徒は、ウクレレの伴奏《ばんそう》つきでバースデーソングを歌ってもらえる。学校外からゲストを招いてのカフェイベントも、頻繁《ひんぱん》に行われる。アイシング・クッキー作り、「浴衣《ゆかた》day」での着付けとヘアメーク、紙《かみ》芝居《しばい》、ＤＪミックスにタロット占《うらな》い、楽しそうなことなら何でもありだ。

昼休み開始と同時に、早速廊下《ろうか》を走ってくる足音がする。勢いよく飛び込《こ》み、「いちばん乗り！」と輝く顔。こんにちは！　と一人ひとりに声をかけるが、じきに追いつかなくなる。その日のメニューが書かれたメニューボードを真剣《しんけん》に検討している生徒、手慣れたようすで紙コップにオーダーを書き込《こ》んでカフェカウンターに向かう生徒、まずは特等席を確保とばかりにマンガ書架脇《しょかわき》のソファーに荷物を置く生徒とさまざまである。２０１４年12月11日の開店初日にのべ94人の来店者があり、現在では、多い日でのべ３００人を超《こ》える日もある。

カフェは若者の自立支援《しえん》を行うＮＰＯ法人パノラマが担当している。資金を県や学校には一切頼《たよ》らず、クラウド・ファンディングやさまざまな助成制度で集め運営をしている。飲み物や食べ物の現物寄付もありがたく頂きながら、代表理事の石《いし》井《い》正宏《まさひろ》氏と職員の２人を中心に、大学生や地域の大人などの多様なボランティアが、入れ代わり立ち代わりカフェカウンターを回す。

カフェの目的は、生徒のかかえる課題が重症《じゅうしょう》化することを未然に防ぐための、「予防的支援《しえん》」である。雨漏《あまも》りのする家の屋根を直すのは、お金もかかるし大変だけれど、穴があきそうなところ

カフェになる図書館

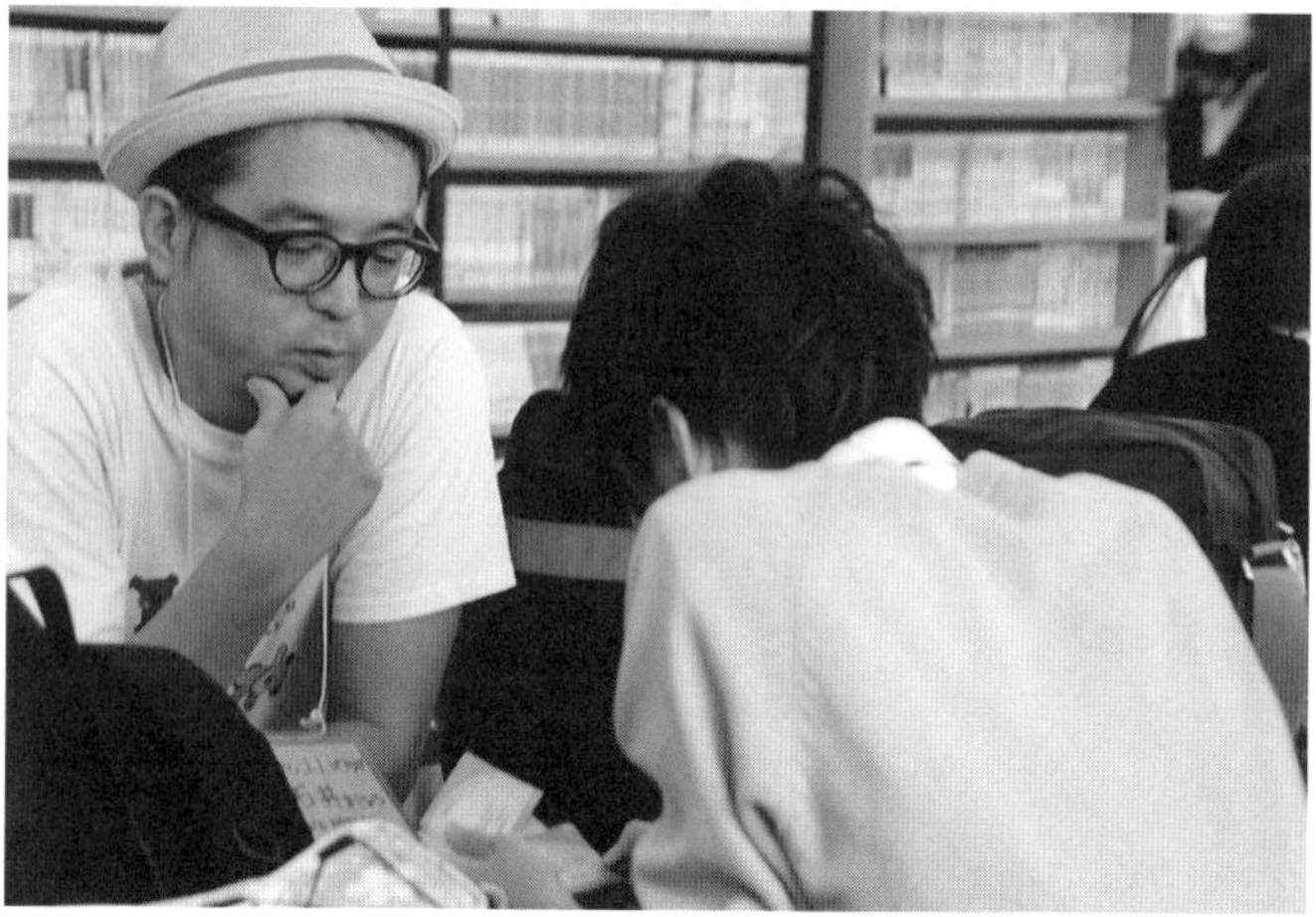

生徒といろいろな話をする石井正宏さん（左）

を見つけて、前もって補強しておくほうがずっと楽に雨《あま》漏《も》りを防げる。予防的支援《しえん》は、そんなイメージの支援《しえん》だ。だから、特別な生徒ではなく、全部の生徒が対象だ。

石井さんは、ひきこもりの若者の支援《しえん》を続けてきた経験から、ひきこもってしまう前に悩《なや》みを解決できるような仕組みが必要だと考えていた。だから、田奈高校に来ることになった時に、自分のかかえる悩《なや》みがはっきりわかっていて話したいと思っていたり、先生に課題をかかえていることに気付いてもらっているような生徒だけを、相談室にこもって相手にしても仕方がないと考えていたのだ。それでは予防的支援《しえん》とは言えない。

その予防的支援《しえん》の中心的な方法が、「交流相談」だ。交流相談とは、誰《だれ》もが目的を言わずにいることができるオープンな場所で、支援《しえん》者が人びとと出会い、顔見知りになることから始め、課題の早期発見と解決につなげる支援《しえん》の手法のことで、石井さんが考案した。田奈高校では、学校図書館が交流相談に最適の場所だった。職員室と生徒昇降口《しょうこうぐち》をつなぐ絶好のロケーションにあって、学校でいちばん日当たりがよく、最新の本や雑誌やマンガや端末《たんまつ》がそろっている。目的がなくてもいられる場所なので、若者支援《しえん》者がそこにいても違《い》和感《わかん》がなく、いつも生徒でにぎわっている場所であるため、自然と生徒と出会うことができる。交流相談は、カフェを始める3年以上前の2011年6月から学校図書館で行われており、生徒を手厚く見守るクラス担任ですらも気付いていなかった生徒の課題を発見し、解決することに成果を上げてきた。この交流相談の進化系が、「ぴっかりカフェ」なのだ。

情報のプラットフォーム

毎回のカフェ終了《しゅうりょう》後は、図書館で、カフェスタッフ、ボランティア、学校司書、担当教《きょう》諭《ゆ》で1時間ほど情報共有を行う。はじめて参加した学生ボランティアさんだからこそ悩《なや》みを打ち明ける生徒がいる一方、気心の知れた支援《しえん》者にしか本音を出さない生徒もいる。学校司書や教諭《きょうゆ》は、カフェの日以外の学校での生徒のようすを知っている。さまざまな立場の人が、順番にそれぞれ気付いたことを話すだけでも、生徒のかかえる課題が発見されやすくなる。生徒の気持ちを最優先しながら、必要となれば、学年や担任、ＳＳＷ（スクールソーシャルワーカー）やＳＣ（スクールカウンセラー）、管理職とも情報を共有する。「まさか、あの生徒が？」と担任が驚《おどろ》くような情報が、ボランティアさんの気付きがきっかけで出てくるケースもある。このように、学校図書館が、学校における予防的支援《しえん》のための情報が集まるプラットフォームとしての機能ももつようになった。

学校図書館とカフェの相乗効果が生み出す豊かな文化的環境《かんきょう》は、予防的支援《しえん》をさらに強化した。学校図書館は、多様なメディアがそろっており、そうしたメディアと人、そこに集まる人と人との交流が生まれる場所である。そこにカフェの要素が加わり、モノ、ヒト、

いっしょにボードゲームで遊ぶことから交流が生まれる

コトが爆発的《ばくはつ》に豊かになった。音楽と飲食物があることが必然になり、若者支援《しえん》者以外にも、カフェ・ボランティアとして多様な大人がいることが当然になったからである。大人たちは、手作りの野菜、家庭料理、自家製デザート、フェアトレードの服、大道芸、タロット占《うらな》い、ボードゲーム、ヘアメークのプロの技、浴衣《ゆかた》の着付け、みずからの著作物、いくらでも話を聴《き》いてくれる優しさなど、生徒がそれまで味わったことのないモノやコトを持ち込《こ》む。

イベントの内容も規模も拡張した。恒例《こうれい》となりつつある7月のカレーパーティー、12月のクリスマスパーティーでは、常にも増して、全国各地からの食材の寄付や、ボランティアの大人が増える。１００人以上の生徒が参加し、調理室など学校図書館以外の場所も使うので、教職員の協力や参加もさらに増える。恒例《こうれい》になると、先輩《せんぱい》たちのようすを見てつぎは自分も参加すると決め、イベントの運営スタッフに名乗りを上げる生徒も増える。「ぴっかりカフェ」という仕組みを通して、より多様な人が学校図書館にかかわるようになったことで、生徒の創造性が発揮されやすくなっている。

エピソード 10 ぴっかりカフェ

生徒のやる気を受け止める場

神奈川県立田奈高等学校《かながわけんりつたなこうとうがっこう》

やりたいことを実現できる

2016年の田奈高校の文化祭では、有志によるファッションショー企画《きかく》が実現した。始まりは、その1年前にさかのぼる。ぴっかりカフェに定期的に参加しているボランティアの方たちが、公正な価格の売買で途上《とじょう》国《こく》の人の生活を守る「フェアトレード」を訴《うった》えるファッションショーを企画《きかく》して、ショーのモデルを生徒に頼《たの》んだ。

学校では元気いっぱいなのに、外のイベントには消極的なところがある生徒たちのこと、まして文化祭直後の代休である。いい返事をあまり期待しないようにしていたら、この企《き》画《かく》には乗り気になった。それも、それまで特に知り合いでもなかった3年生と2年生が協力するという。ボランティアの方たちへの信《しん》頼《らい》が、生徒たちのやる気を引き出したのはあきらかだった。

生徒たちがやる気にさえなれば、手伝いたい大人たちはすぐに集まってくる。カフェマスターの友人で、カフェでＤＪの技を披露《ひろう》してくれたこともあるイケメンが音楽担当を買って出てくれた。２年生の生徒たちの担任は、学校一のファッショニスタを自認する教師で、彼《かれ》が引率兼《けん》司会役に名乗りを上げた。カメラマンは、写真部の生徒が引き受けてくれた。しかし、男子モデルの獲得《かくとく》は叶《かな》わず、結果的に、カフェマスターがその役を引き受けた。

カフェで一度打ち合わせとモデルの試着会を行い、いきなり当日を迎《むか》えたのだが、生徒たちは実に堂々としたモデルぶりを発揮した。地域の小ホールを舞台《ぶたい》に、はじめてランウェイを歩き、知らない方々の温かい喝采《かっさい》を浴びた経験は、ほんとうに楽しかったという。満面の笑みを浮《う》かべた写真がそれを物語っている。

引き継《つ》がれ進化する創造性

直後から、この体験をした２年生とその友人たちのなかから、自分たちでもファッションショーを企《き》画《かく》したいという話が出始めた。卒業式後にアメリカのパーティー、プロムがやりたいと夢《ゆめ》は広がったが、まずは手堅《てがた》く、文化祭に有志企画《きかく》として参加することになった。それでも、田奈高校では初の試みである。顧問《こもん》を、例のファッショニスタ教師に頼《たの》み、デザイナーに名乗りを上げたのは、かねてから図書館にファッション関連資料を頻繁《ひんぱん》にリクエストしていた女子生徒である。１学年先《せん》

図書館が企画会議の場所

輩《ばい》にファッション通の男子生徒がおり、リクエストすることで図書館のファッション関連の棚《たな》を実にクールにしてくれていた。それを、彼女《かのじょ》が自主的に引き継《つ》いだのである。その充《じゅう》実《じつ》した資料を活かして、放課後図書館でデザインを考えたり、話し合ったりする日常があり、カフェでは、ボランティアの方々に、衣《い》装《しょう》作りのアドバイスをもらう。夏休みには、ボランティアの方々がいる、各地域の活動拠《きょ》点《てん》に出向いて実際に教わりながら衣《い》装《しょう》作りをするなど、とてもがんばっていた。

行きつ戻《もど》りつ

しかし、考えていた以上に衣《い》装《しょう》作りは難しかったようだ。めげてしまって、約束《やくそく》の日に来ない生徒も出てくる。それに、3年生になった彼女《かのじょ》たちは、夏休みから10月上旬《じょうじゅん》にかけてが、進路を決めるためにもっとも忙《いそが》しい時期だ。顧問《こもん》の教師も、3年の担任で生徒以上に忙《いそが》しい。ショーのための衣装《いしょう》作りが進まないまま、文化祭が近づいていった。

さすがに何とかしなければと焦《あせ》る生徒の相談に乗るうちに、布よりもっと簡単に扱《あつか》える素材を使ったらというアイデアが湧《わ》いてきた。印刷用紙を梱包《こんぽう》している紙が、用《よう》ずみになって印刷室に大量に積んであった。

「この紙、ベージュの光沢のある素材として見ると、なんか素敵じゃない?」と投げかけてみると、「いいかも!」と食いついてきた。

「それにさ、文化祭の隠《かく》れテーマとして、毎年エコが重視されてるんだよね」とダメ押《お》しでつぶやいてみると、「エコ!? いいじゃん、それ! エコでいこ!」と途端《とたん》に元気が出てきた。

コンセプトはエコ!

和あり洋あり、ロックあり

それまで誰《だれ》の眼中にもなかった素材を使ったデザインの案が、生徒たちからつぎつぎと出てきた。新聞紙のスーツ、壊《こわ》れたビニール傘《がさ》を使った、透明《とうめい》なスカート。「古着のリメークもありだよね！」と、現実的な生徒が主張して、「リメーク・ファッション・ショー」にコンセプトが決まった。

　それからも、直前までモデルの生徒たちが、出るの出ないのと揉《も》めたり、準備に参加しない友人に怒《いか》りを爆発《ばくはつ》させる生徒がいたり、困難は尽《つ》きないかに見えたが、何とか文化祭前日のリハーサルに漕《こ》ぎ着けた。あのゴタゴタからは考えられないほど、すてきな衣装《いしょう》がつぎつぎとくり出されてきたし、それを着こなす生徒たちも楽しげだ。

　もう安心と迎《むか》えた当日、朝いちばんのステージだったが、予定時刻を過ぎてもなかなか始まらない。かかわったボランティアの方々やカフェのスタッフが大勢見に来て、前評判を聞きつけた生徒たちも大勢集まって場の空気はできている。

実はこの時、和ロックグループの着物の帯が結べず、着付けに手間取っていたのだ。もち場を離《はな》れることが困難な教員に代わって、事態を察知したボランティアさんたちが着付けを手伝ってくださり、ようやく生徒たちがランウェイに登場した。

待ってましたとばかり喝采《かっさい》を送る観客に応える生徒たちのモデルっぷりは、ほんとうにすばらしかったのだった。

多文化交流会での集大成

さて、そうはいっても、文化祭は学校行事である。教師が生徒たちに少なからずプレッ

フィナーレでは拍手喝采！

シャーをかけてでも、何とか形にしようとする場合があることは否めない。このファッションショーでも、教師の恣意的《しいてき》な方向づけがあり、それが生徒たちの不完全燃焼感につながっているようだった。カフェのボランティアさんたちの機転や助力によって、それが緩《かん》和《わ》され、カバーされていたのが救いだった。

　課題そのものをみずから設定するという意味で、ほんとうに価値ある学びの場面が訪れたのは、文化祭が終わって間もないころだった。例年12月には、ぴっかりカフェと、校内の外国につながりのある生徒たちの親睦《しんぼく》と文化交流を支援《しえん》する「多文化交流会」共催《きょうさい》で、クリスマスパーティー（クリパ）が行われる。決まりは一切なく、企画《きかく》は生徒、カフェマスターやボランティアさん、教職員でゼロから考える。その年は、ファッションショーにも出演した生徒が、「クリパ今年もやる？　出し物に出たい人が結構いるんだけど」と言ってきて、始動した。「じゃあ、出演希望者リストアップしてきて」と言うと、数日後には図書館でリストを完成させプリントアウトして手渡《てわた》してくれた。

「ほ〜、7団体？　この人たちの取りまとめ大変だと思うけど頼《たの》んだよ！」

「どうせなら、体育館借りて盛大《せいだい》にやりたい」

（やっぱりそうきたか。調理室で料理、体育館でイベント、図書館でパーティー。どうまとめる？）

　この心の声は出さずに、「じゃあ、イベントは1時間以内に収めるとして、まずは体育の先生と交渉《こうしょう》だね。毎年ダンス部の発表もあるからその日程も確認しないと」とアドバイ

社会科教室がステージに！

スする。「わかった。聞いてみる！」と生徒は行動を開始した。

結局、調整が難しく体育館は借りられなかった。しかし、ここからがプロモーターの腕《うで》の見せ所。体育館ならとエントリーしてきた生徒もいるだろう。場所の代案と出演生徒の要望をマッチングさせ、かつクリスマスパーティー全体の進行とも調整しなくてはならない。

最終的に、調理室でケーキとシチューを作り、社会科教室で生徒たちのパフォーマンスを堪能《たんのう》しながら料理を味わうという形になった。12月ともなると、部活を引退した3年生は、それまで参加が難しかったイベントにも参加できるようになる。サッカー一筋だった生徒の美声、学校では一切その才能を見せてこなかった生徒のみごとなタップダンスなど、レアな出し物と、文化祭での不完全燃焼チームのリベンジダンスなどが人気を博したのだった。プロモーターを買って出た生徒も、やりきったことに満足していた。そして、何よりも、生徒も、大人たちも、みんなが楽しんだ！

3章

学校図書館と生涯にわたる学び

多様性の守られている場所

生徒発の「やりたい！」に応え、支える空気

生徒発の「やりたい！」に応え、支えることは、学校図書館が担う大切な仕事のひとつだ。学校は、基本的に規範《きはん》が求められる場所だ。もちろん必要なことだが、それを教えるばかりでは育たないものもある。だから学校図書館は、究極的には、規範《きはん》的なモノやコトも上下左右斜めから眺《なが》め、自分の頭で考え吟味《ぎんみ》でき、もっとよいものはないかとつくり出す練習ができるようにしておくために、学校の中にある。まず「やりたい！」と言ってもいいんだ！　とわかってもらうまでの地ならしに時間と手間をかけ、何年目かにようやく出てくる生徒の声をいかに支え、育てるかが問われる。生徒は、「やりたい！」と言うことと、実行することのあいだには大きなギャップがあることを、だからこそ、できたらう

れしいということを、教わらずとも学ぶはずだからだ。

生徒発の「やりたい」に応え、支える空気は、そこに常駐《じょうちゅう》している学校司書が醸成《じょうせい》の土《ど》壌《じょう》をつくらなければ発生しない。しかし、それだけでは持続しない。持続性を保つためには、そこにあるモノやヒトが混然一体となって、常に新鮮《しんせん》な空気が供給され続けなければならない。学校図書館は、どのような場所であれば、生徒発の「やりたい」に応え、支える空気が持続的に放出され続けるのであろうか？

学校図書館を卒業後にふり返る

その手がかりを探るために、この1年間に偶然連絡をもらったり、連絡を取ったりしたかつての生徒たち17人に、当時の学校図書館のイメージや思い出について質問をしてみた。コメントの採集方法はさまざまだ。会った時に思いついて聞いたことも、ＳＮＳやメールでやりとりする中で、問わず語りに語られたこともある。時には、「学校図書館は、自分にとってどのような存在だったと思う?」「学校図書館にまつわる思い出は?」「学校図書館で学んだと思うことは?」という質問に、一問一答で答えてもらった場合もある。高校を卒業して1年から30年以上に渡るさまざまな世代、5つの異なる学校の卒業生たちの声を、年代順に並べて紹介《しょうかい》する。

柿生《かきお》高校の卒業生【40代~50代】からのコメント

富崎豊和《とみさきとよかず》：私にとって正真正銘《しょうめい》一番最初の図書委員だった縁《えん》。のちに都立高校の学校司書を経て、地歴公民科教諭（司書教諭《きょうゆ》）。

柿生高校の図書館は、高校3年生になってから行った。それまで1回も行かなかったのに。

とにかくあの図書館は、自分が自由にふるまえる場所だった。そして、自分が知らない欲しいものがある場所だった。たとえば、南方熊楠《みなかたくまぐす》全集を知った。ブローティガンを知った。『戦後ギャグマンガ史』（米澤嘉博《よねざわよしひろ》著、新評社《しんひょうしゃ》、1981年）との出合いは今でも覚えている。そして僕《ぼく》に衝撃《しょうげき》を与《あた》えたフォービギナーズシリーズ（現代書館）の『反原発』『全学連』『アナキズム』。いずれも後に大学でアナキズム思想を卒論の題材とし、組合運動へと向かわせる出発点となったものだ。出合いたかったやつに出合ったということが大事だ。すべて意識されない過去に未来は規定されていると感じる。

島田延幸《しまだのぶゆき》：最初に副担任をもった縁《えん》。

先生、カフェやってんだ。投稿《とうこう》見たよ。高校の中なんだね。時代は変わるねー。昔《むかし》は先生のポットでつくってたコーヒーが縁《えん》だったよね（笑）。図書館は濃《こ》かった。なんか、みんな集まってたよね。でも、そうやっていろいろ話を聞いてもらって、座談会みたいにね。それで学校に来ようと思った生徒もいるよ、たくさん。行き場があるのはいいよね。

でも、ほんと、司書って仕事は相談役だな。相談手当てもらったほうがいいよ。学校から。

でもびっくり。先生がまだ、同じ、図書カフェで。でも、ずっと先生は生徒たちと同じ感覚、目線で。若くていいじゃん。「天職」だね。前世もだな。たぶん。

カフェ風なら入りやすいしね。入りづらい子もいるから、16、17、18っていろんな悩《なや》みあるもんな。勉強以外で。人だもんね。大人たちと同じ環《かん》境《きょう》で生活してんだもんね。そりゃ同じように悩《なや》む

なぜか落ち着くカウンター下

よね。今は、特に。なんかさ、時代がプレッシャーの多い時代だよね。そんな中に松ユリ（松田ユリ子）劇場はあるんだね。演出、台本、キャスト、そして観客。

小林信子《こばやしのぶこ》：文化祭「ブルースの部屋」の発案実行者だった縁《えん》。

高校の図書館……。学校の中でいちばん落ち着く所だった。友だちがいないわけでも、逃げ場所でもなかったけど。松ユリと音楽の話をしたり、いろいろな本を読んだり、ブラックコーヒーがはじめておいしいのも教わったり（＞ω＜）今の私の基盤《きばん》になっている。

住川禾乙里《すみかわかおり》：1年生ながら独自企画《きかく》を売り込《こ》んできて以来の縁《えん》。

高校に入学してから図書館に行く楽しさを知りました。そこは、同じ趣味《しゅみ》や嗜好《しこう》の先輩《せんぱい》や先生と知り合い、情報交換《こうかん》をする場所でした。それまでは調べ物をしたり、本を読むために行く場所としてしかとらえていなかった図書館。司書と接する機会もなかったので、生徒でも先生でもない存在がとても不思議でした。時に友だちのように、時に親のように親身に相談に乗ってくれる相手として、松ユリに接していたのかもしれません。昔《むかし》から、文章を書いたり、エンターテインメントを見ることが好きだった私を早い段階で見抜《みぬ》き、その才能を伸《の》ばしてくれたのも松ユリでした。

授業もぬいぐるみといっしょだとやる気になる

高校1年生の時に高校の図書館で発行した『music on』では、大好きな舞台《ぶたい》のことを書いたり、著名人へのアンケートを行ったりと、今も続けている編集者としてのベースとなる体験をさせていただきました。ここから、高校3年間で、修学旅行や卒業文集、生徒が作る卒業式の企画《きかく》など、それまで「やってみたい」と思っていたことを実現していけたのは、学校に生徒が活躍《かつやく》できる環《かん》境《きょう》があって、いろいろな人とコミュニケーションを取ることができたからだと思っています。高校を卒業してから約20年。まぎれもなく、私の人生のターニングポイントが、柿生高校の学校図書館であり、松ユリとの出会いだと思います。

海《え》老《び》名《な》高校の卒業生【30代】からのコメント

鈴《すず》木《き》雄《ゆう》介《すけ》：図書館にDJ機材を持ち込《こ》んだ生徒第

1号となった縁《えん》。

司書（以下L）：図書館はどのような存在として記《き》憶《おく》されている？

鈴木（以下S）：無目的、短絡的《たんらくてき》な高校生であった当時の自分にとっては、行きつけの場所、溜《た》まり場のような存在。

L：そこでの思い出は？

S：居心地いい思い出。しかし今、おじさんの自分が当時の自分を客観視すると……そこに行けば、幼い自己顕示欲《けんじよく》を満たしてくれた思い出。司書が肯定《こうてい》してくれるために、自分の馬鹿《ばか》さが増長した思い出（自分の馬鹿《ばか》さを他人原因にしている訳ではありません）かな。

L：学んだと思うことは？

S：当時の自分は、極端《きょくたん》に自己中心的で、学んだことはないように思います。学ぼうともしていなかった。後からその無知な現実を学んだかな？　と思っています。

中山《なかやま》なほみ：図書委員広報班だった縁《えん》。

司書（以下L）：図書館はどのような存在として記《き》憶《おく》されている？

映画も音楽も

中山（以下N）：教室内ではあいさつすらしない人ともなぜかおしゃべりが始まる異文化交流地点。勉強しなくても調べ物がなくても、ぶらりと寄ってしまう場所。

L：そこでの思い出は？

N：司書室でシリアスな（と思い込《こ》んでいる）お悩《なや》み相談をすると、たいがい司書室にたむろしている軽音部バンドマンや放送部のアニメ好きの人が、冗談《じょうだん》（しかもどこまでも倍になる）で笑い飛ばしてくれたので、気が楽になった。

図書館で担任以外の教員に進学アドバイスをもらったり、家庭の事情（奨学金《しょうがくきん》うんぬん）とかを相談したりしている中で、いろんな考え方の大人がいるなあ、自分の両親がすべてではないなあと目から鱗《うろこ》が落ちた。

高い本（当時はやったHIROMIXの写真集とか、AKIRAのマンガ全巻）もリクエストするとしっかり入荷してもらえて、すごくうれしかった。あと、司書が似たカテゴリーの本を芋《いも》づる式に勧《すす》めてくれるのも、知識の幅《はば》が広がってよかった。昔《むかし》はインターネットもそんなに普及《ふきゅう》してなかったしね。

L：学んだと思うことは？

N：エビ高の図書館は、本をきっかけにして、人間関係が広げられる！

おまけ。今思えば結婚《けっこん》した雄介《ゆうすけ》君とも最初の出会いは図書館だわー。受験勉強の妨害《ぼうがい》をされたことと、オザケン（小沢健二《おざわけんじ》）のカセットテープを奪《うば》われた記憶《きおく》。

高橋亮《たかはしりょう》：大演芸大会あらためLibrary Liveに、第1回目からフル出演したバンドのギタリストだった縁《えん》。

司書（以下L）：学校図書館にかかわって印象に残っていることは何？

高橋（以下T）：Library Liveはラッキーだった。ここで演ってもいいんだ！　と思った。先生たちが「ブルースだ！」とか言って、アコギとハープで出演してて、その胡散臭《うさんくさ》い雰囲気《ふんいき》もよく覚えてる。あと、文化祭の時。有志でやったファッションショーの音楽担当になった時、野外だったからBGMどうしようって話になって、準備室にあった司書のただただデカいだけのベースアンプにCDラジカセ直につないでベルベット・アンダーグラウンドのA面かけたよね。結果、実に凶暴《きょうぼう》な音が昇降口前のロータリーに鳴り響《ひび》いたわけだけれども（笑）、そん時の音が、これこそベルベット・アンダーグラウンドっていったらおこがましいけど、ほんとうにあるべき音で鳴ってる気がして、マジで感動した。「今まで聴《き》いてたのは何だったんだ！」って。ファッションショーにしたって、図書館に居たら話が聞こえてきて、ほとんど話したことがないような女の子たちが中心になってやってたと思うんだけど、おもしろそうだから手伝わせてよって感じで始まったんだよね。自分にとってギターを弾《ひ》いてバンドで演奏するっていうことはあたりまえでも、服を作るとかファッションショーなんてことは考えもしなかった。だけどそこにかかわったことで自分のまわりに服を作りたいって思っている人がいることが知れて、大好きで何度も聴いたはずの音楽が全然違《ちが》って聞こえるっていうのは、あの図書館周辺で起こっていたことを象徴的に表していると思います！ かっこよく言えば（笑）。司書室にはいろんなものがあったよね。フェンダーのギターとか、アンプとか、誰《だれ》のものかもわからないCDとか。ビデオもいっぱいあって、サッカー部やらバンドやらのみんなでよくビデオ見たなぁ。そうそう、ジョニーは覚えてる。

L：図書委員の東《ひがし》くんね。

T：ふつうだったら絡《から》まないようなキャラクターの彼《かれ》が、いつもカウンターにいてニコニコしてることとか。何を話したかも覚えていないけど、場所を自然に共有してた感覚があって、彼《かれ》の穏《おだ》やかな笑顔や佇《たたず》まいは図書館の記憶《きおく》と分かちがたく結びついている。

L：学校図書館で学んだと思うことってある？

T：コーヒーってこうやって飲むんだということを教わった（笑）。司書は、またいいコーヒーを飲んでたから。しかもブラックしかない。あと、後づけで話したから印象に残っ

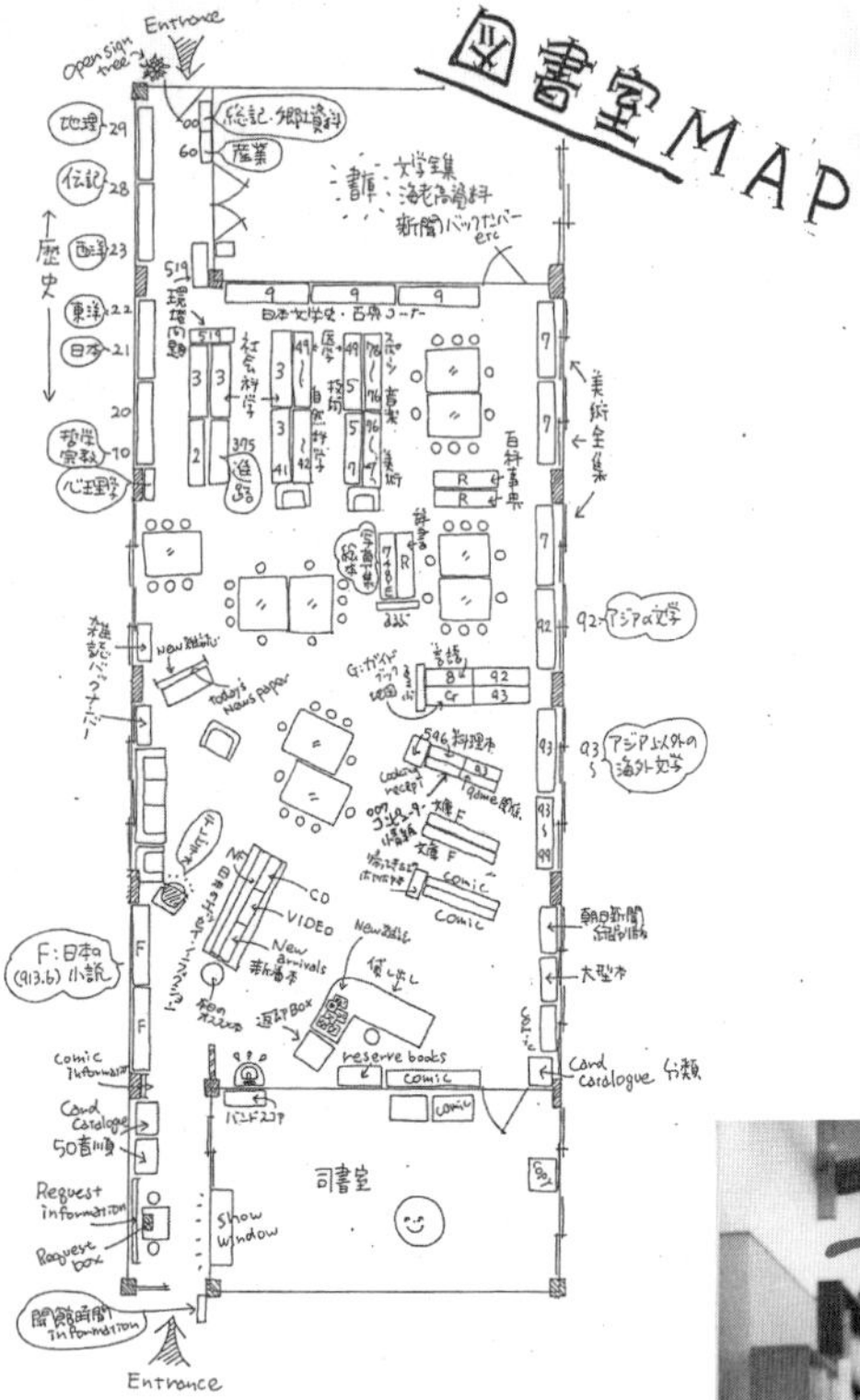

当時の海老名高校図書館　　　　　　イラスト著者

神奈川県学校図書館員研究会の研究誌『つどい』の表紙になった海老名高校生たち。奥に見えるのが開放されたドア

てるのかもしれないけど、奥《おく》のドアを開けてもらったことは覚えてる。
L：亮くんたちの教室から図書館に来るのに、校舎をぐるっと回らなくちゃいけなかったんだよね。常識的には締《し》め切りにすべき奥《おく》側のドアから出入りができるようにすれば、楽に来られるというのは確かで、合理的な案だった。
T：言えば聞いてもらえるんだっていうことを学んだ。
このインタビューの1週間後、偶然《ぐうぜん》ジョニーから久々のメールが届いた。

東和宏《ひがしかずひろ》：3年間通しての図書委員。図書館の毎日の変貌《へんぼう》を楽しみにしてくれていた縁《えん》。

松田ユリ子様。こんばんは。ご無沙汰《ぶさた》しています。ジョニーこと東です。お正月に帰省した際、実家で松ユリさんが登場する読売《よみうり》新聞の切り抜《ぬ》きを見せてもらいました。田奈高校でもご活躍《かつやく》されているとのこと、うれしく思いました。ご連絡《れんらく》が遅《おそ》くなりましたが、実は2年ほど前に新聞記者を辞めて、夢《ゆめ》だった高校の教員に転職しました。昨年度は小田原《おだわら》総合《そうごう》ビジネス（現・小田原東高校）にいました（学校司書の今井《いまい》さんにはいろいろとお世話になりました！）。今年度から正規教員として、商工高校で商業を教えています。

松ユリさんの記事は励《はげ》みになりました。私はまだまだ駆《か》け出しですが、生徒の力になれる教員になりたいです。またどこかでお会いできるといいですね！　お互《たが》いがんばりまし

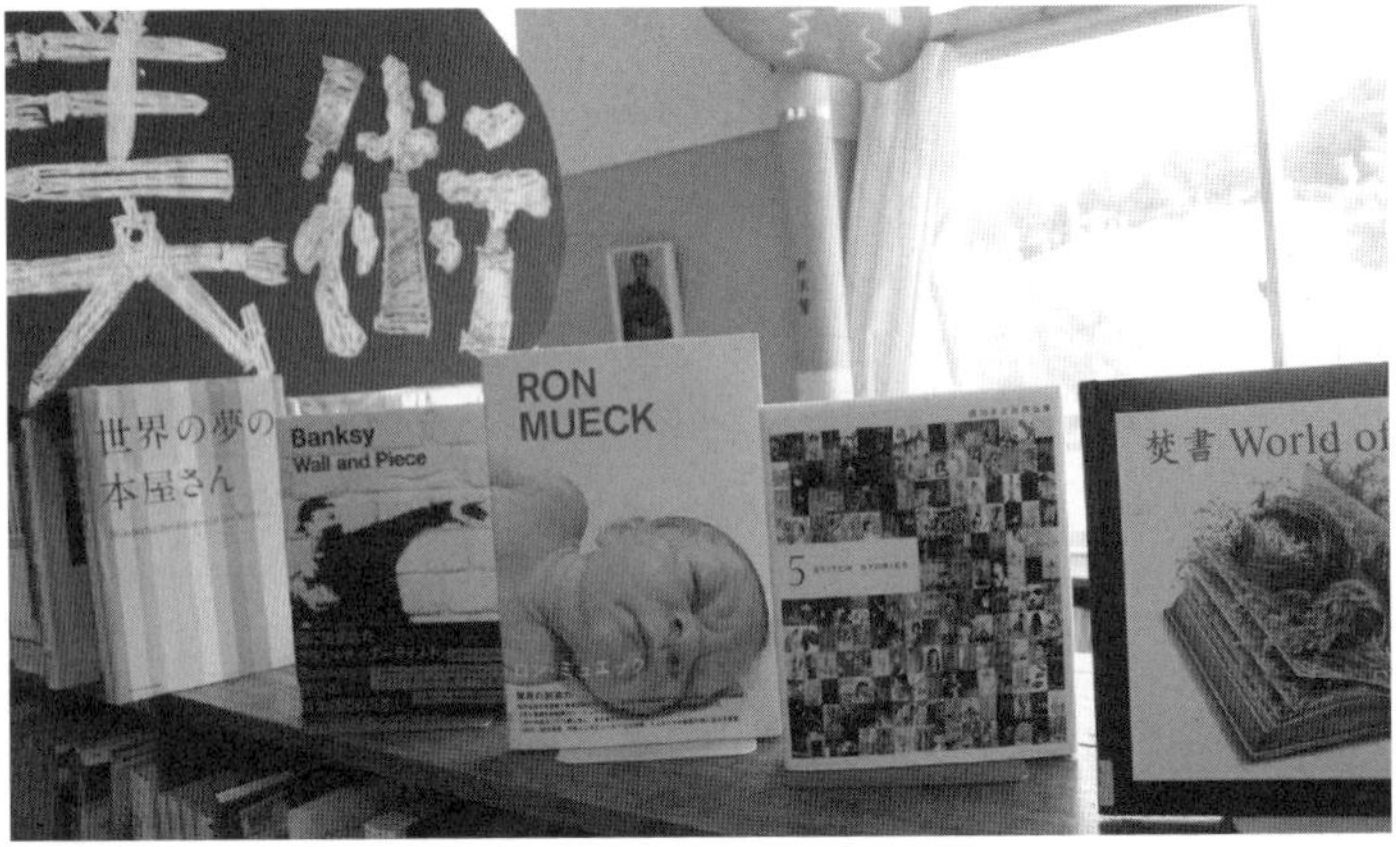

生徒の興味を想像しながら選書

よう！　それでは。ジョニー。

塚田真理子《つかだまりこ》：『HIKOUSEN』掲載《けいさい》の「マリコの夢《ゆめ》のおうち」のページが衝撃的《しょうげきてき》だった縁《えん》。

ユリ子さんと出会った海老名高校の図書館の話をする前に、私個人の学校図書館史から。小学校の図書館は、日当たりと見晴らしのよい校舎の4階か3階にあって、とても綺麗《きれい》で整然とした図書館だった。校舎のいちばん奥《おく》の教室にあったこと、なぜかいつも鍵《かぎ》がかかっていたこと（たぶんこれは開室時間を理解していなかったからだと思う）、図書館ではうるさくしてはいけないという教えだけがとても記憶《きおく》に残っていて、あとは貸し出しカードのやり取り以外に何か思い出すことができない。中学の図書館にいたっては、あったことすら記憶《きおく》にない。行った記憶《きおく》もないし、司書教諭《きょうゆ》の存在もわからない。それほどにまったくすっぽりと抜《ぬ》け落ちている。

そんな私にとって、高校の図書館は衝撃的《しょうげきてき》だった。かれこれ20年前の話だが、入学して早々、図書館の利用方法等についての講義があった時のことを今でも思い浮《う》かべることができる。何気なく覗《のぞ》いた司書室のワンダーランド感。図書館の本棚《ほんだな》以上にその部屋に私の知らない世界がたくさん詰《つ》まっているような気がしてドキドキした。何より、その空間の中心に立つユリ子さんの存在が「強烈《きょうれつ》」だった。

それでも1～2年生のころは、入りびたるほどではなく、ときどき行けば本を少し借り、テレビデオの前での大人びた先輩《せんぱい》たちの団欒《だんらん》の横で、静かに本を選ぶ生徒がいたり、カウンターでとっても楽しそうに笑うユリ子さんと生徒たちを横目で見ているだけだった。けれど3年生になると、受験に備え文系理系で時間割が分かれるため、自由時間というのが一日に何限かあるようになった。空き教室で勉強する子もいたけれど、私はほとんど図書館の丸テーブルにいた。あの丸テーブルがとても居心地がよかった。図書館の全体が見渡《みわた》せて、誰《だれ》かのようすに目が留《と》まったり、おもしろい会話にも自然と入っていけた。

ユリ子さんは、そんな生徒同士の会話からだったのか、私が建築に興味があることを拾《ひろ》っていてくれて、ある日突然《とつぜん》「これ、いいよ。読んでみて」とカウンターから建築にかかわる本を出してくれた。びっくりした後で、私のために選んでくれたと思いとってもうれしかった。それからだろうか、ユリ子さんと少しずつ会話ができるようになった。「どんな建築が好きなの？」「でもそれって……だよね」といった感じで、私の好きな物や嫌《きら》いな物について真正面から聞き出して、ニコニコと聞いている時もあれば、ズバリとほかの視点を差し出され、私は自分の浅はかさを知り、何度も心を射止められた。一方で私は、ユリ子さんがなぜそういうふうに思うのだろうという思考に移っていった。それは、ユリ子さんにだけではなく、あの図書館で過ごした同窓生に対しても同じだった。他者の考えや思いにふれる場所・耳を傾《かたむ》ける場所、自分と他者について考える場所、それが海老名高校の図書館だったと思う。けれどそれは、皆《みな》が一様にそうなっているわけではなく、緩《ゆる》やかで押《お》しつけがましさがなかった。

川口陽介《かわぐちようすけ》：ポジティブシンキングのベーシスト。音楽好きの縁《えん》。

エビ高の学校図書館のイメージは、自由な空間、いろいろなものがクロスオーバーしてる感じ。交流の場、情報交換《こうかん》の場って感じかな。そんな場所で学んだことはギターの弾《ひ》き方！　バンドの楽しさ!!　図書館なのに何でだよ！　って突《つ》っ込《こ》まれそうだけど（笑）。それだけ自由に表現ができる場所だったのかな。思い出は大きな括《くく》りで、いろんな人に出会えたって感じかな。先輩後輩《せんぱいこうはい》関係なくいろんな人がいた気がするね。図書館という場を介《かい》していろんな人に出会っていろいろな考えや思い、感覚を共有できたことは、自分も含《ふく》め、そこにいた人たちにとっても大きな財産になったんじゃないかなって思う。

佐藤博之《さとうひろゆき》**：**サッカー部副キャプテン。3年1組のほぼ全員を毎日図書館に連れてきた縁《えん》。

今になって思うことです。学校は、何年何組とか何部、何係、何委員というように、枠《わく》とかチームなどにはめることをしてしまうところだと思うんですよね。でも、海老高の図書館は唯一《ゆいいつ》枠《わく》とか型にはまることなく自由でした。3年1組の人も2年7組の人も1年5組の人も、サッカー部もバスケ部も吹奏楽《すいそうがく》部も帰宅部も、何とか係だろうが、何とか委員だろうが、そいつが学校生活を送る中での枠《わく》なんて関係ない空間だったと思います。

だから、図書館での会話はほんとうに自由だったと思います。

枠《わく》の垣根を越《こ》えて集まれる教室だからこそ、たくさんの会話があって、アイデアが生まれて、思い出がつくられていったと感じてます。

今思えば、海老高の図書館は学ぶというより考える場だったような気がします。自由な発想を考えるためのヒントをみんなからもらって、またみんなで考えて、という感じでしたね。ほんとうに語り出したらキリがないくらい、海老高の図書館には思い出がたくさんあります！

大和西《やまとにし》高校の卒業生【30代】からのコメント

吉野宏志《よしのひろし》：好きをとことん突《つ》き詰《つ》める学究肌《はだ》。いつも司書室にいた縁《えん》。

思い返してみると大和西高校の図書館は「『多様性とは何か？』を体感した場所」とまとめられる気がします。ふつうは単純に仲がいいとか趣味《しゅみ》が合う人たちだけと集まってしまいますよね。でも大和西の図書館は、まったくかかわりがない人たちも同時に同じ空間にいて、おたがいに干渉《かんしょう》しないけど存在は認識している、複数のグループが入り混じっている、仲よくはなくても排《はい》除《じょ》はしないという、それまでちょっとほかでは体験したことのない場所でした。

あと、アイデアや提案をうまく掬《すく》い上げて、生徒の自己実現や自己分析《ぶんせき》をサポートしていたと思います。どんなアイデアでも気軽に相談できるというのは（する・しないは別としても）とても心強かったです。

これって「多様性」が守られていたんだなと思います。そこから「知らないモノは怖《こわ》い

図書館を拠点に缶バッジ作りも　編集部撮影

から敵対心が生まれるが、ちょっとでも実際に接して知ってしまえば安心できる」ということを実体験しながら学びました。

小金屋友恵《こがねやともえ》**：**吹奏楽部《すいそうがくぶ》の愚痴《ぐち》をこぼされる縁《えん》。

図書館はね〜、毎日のように行ってたねー。放課後、部活の前に必ず。「行けば松ユリがいて、なんか悩《なや》んでたり考え事を話して聞いてもらってた。行ったら、先輩《せんぱい》とか後輩《こうはい》もたくさんいて、図書館なんだけど私的には本は読まない人だけどw みんながいるから行ってたって感じ！ いろんな話聞けるし、お勉強じゃなくて。人生のお勉強!?（笑）って感じ〜！ いろんな人がいて、いろんなこと考えてるんだなーって思ってたな〜。なんかバカっぽくてごめんねーw

牛塚優《うしづかゆう》**：**文化祭後夜祭係。いっしょにアルミ缶集めに奔走《ほんそう》した縁《えん》。

うまく言えないけど……大和西高校の図書館は私がはじめて本の楽しさを覚えたところ。小さいころから本が好きではなくて、夏休みの宿題の読書感想文はいつも後回し、しまいにはあとがきしか読まないで書いていました。きっかけは友だちが本好きだったということから、ちゃんと本を読んでみたいと思って松田さんに相談して紹介《しょうかい》してもらった本（柳《ゆう》美里《みり》『ルージュ』がおもしろくておもしろくて、感動して。その時から15年くらい経った今でも本が大好きです。

憩《いこ》いの場。松田さんにひかれる人たちが集まるところ。ここに集まる人たちはみんな松田さんが大好きで、松田さんの話を聞きたくて、そして松田さんに話を聞いてほしい人たち。みんなといる時間が心地よくて、わかり合えるところもあったような気がします。人とのふれあいの大切さ、好奇心《こうきしん》の大切さ、何事もやってみないとわからないという心意気、を学んだのかな？　その時の仲間の何人かといまだに仲よしです。

説明は下手くそだけど、こんな感じです。私の大切な場所でした。

相原《あいはら》高校の卒業生【20代】からのコメント

小野惇《おのじゅん》：クラスの掃除《そうじ》当番として図書館に来てハイタッチあいさつをして以来の縁《えん》。

司書（以下L）：相原高校の図書館はどんな存在として記憶《きおく》されている？

小野（以下O）：Donald Trumpと言えばホワイトハウス、ミッキーマウスと言えばディズニーランド、安倍晋三《あべしんぞう》と言えば閣僚官邸《かくりょうかんてい》、横浜《よこはま》DeNAベイスターズと言えば横浜スタジアム……と言われるように、小野惇と言えば相高の図書館（司書室）。職人が職人として輝く所、またはみがき鍛《きた》え居心地が良い場所。

L：そこでの思い出は？

O：プリントの裏紙に司書と話した内容を毎回メモをして持ち帰った。今でもたまに見返す。いろんなことを話した。

【その1】勉強は、ノートと鉛筆《えんぴつ》と教師ではない。

【その2】学ぶ場所は、教室ではない。

【その3】高校時代の悩《なや》まされていた道筋の、答えを見つけた。

【その4】本のために、図書館に行かなくていい。

【その5】人は、文字でも生きていること。

L：そこで学んだと思うことは？

O：今でも、夢《ゆめ》に出るほど、場所を求めている。学びは終わったわけではなく、司書からは、今も学び続けている。しいて学んだことをあげるなら、

生徒も若者支援者もいっしょに過ごす司書室

つぎのことだ。
●本が嫌《きら》いな自分が本を買って読む自分に出会えた。
●教師＝偉《えら》い、大人ではない。同じ人。
●学校＝教室ではない。どこにいてもいい。

鬼澤可奈《きざわかな》：図書委員広報班だった縁《えん》。兄もロックンローラー図書委員だった。はじめて製本したという小説を、最近送ってくれた時の手紙より。

お久しぶりです。高校を卒業する時に話していた「小説を読んでもらう」ということを、7年ぶりに達成することができました!! 時間は経ってしまいましたが、書くのは楽しいのでこれからも書いていきたいと思いました。

そう思ったのは、相原高校の図書館で本を読んだり「パンだ」を作ったりした時間があったからです。

今更ですが、図書委員やるの本当に楽しかったみたいです。ありがとうございました！

田奈《たな》高校の卒業生【10代】からのコメント

田口理子《たぐちりこ》：軽音楽部員として、3年間司書室を第2部室にしていた縁《えん》。

図書館は教師にとっても大切な場所

図書館は自分を成長させてくれた場所。人と距《きょ》離《り》を取って過ごしてたのに、図書館でいろいろな人と話してくうちに、知らない人に話しかけてそこから友だちになったりしてって生活を続けてたお陰《かげ》で、今の仕事でも、初対面のお客様に人見知りせずに砕《くだ》けた会話をして、実績に繋《つな》げることができてる。

社会人になった今でもぴっかり（図書館）で過ごした日々に感謝ですね。ほんとうに大切な友だちもできて、笑うのも喧嘩《けんか》するのも図書館でって3年分の思い出が詰《つ》まってるからまとめるのはなかなか難しい……。

先輩《せんぱい》がいたころは大切な交流の場だったからいろんな話を聞いたりできたかな。先輩《せんぱい》たちの背中をずっと見てきていつか自分も先輩《せんぱい》たちみたいに！　って思ってたら、いつのまにか後輩《こうはい》がたくさんいて、最初はどう接したらいいかわからなかった。先輩《せんぱい》たちみたいに堂々とした背中を見せてたくさん教えなきゃって焦《あせ》って焦《あせ》って、松ユリとずっと話し合いというか、言い合いというか（笑）……。何が正しいのかなんて今思えばなかったんだと思うけど、でも後輩《こうはい》たちはそんな焦《あせ》りっぱなしの私たちに対して、「先輩《せんぱい》たちみたいになりたい」って言ってくれたから何かしらは伝えられたのかなって思ったりしてね～（笑）。

そんな後輩《こうはい》たちが今では先輩《せんぱい》になって、また後輩《こうはい》のためにどんな姿を見せるべきかって奮闘《ふんとう》してる姿を見ると、感慨《かんがい》深いものがあるなと。何気ない日常の中で、卒業した今でこそ気付くけど、コミュニケーション力、物事をうまく進めるための考える力、息抜《いきぬ》きの仕方、一人で悩《なや》まずにいろんな人に頼《たよ》っていいんだってこと、全部ぴっかりで学んだなと。

あげたらきりがないからこの辺にしとくけど、人間として成長させてくれる不思議な空間がぴっかり図書館だと思う。日常の中で気付かないうちに、いろんな事を学んでたんだって思い返して気付くような、ほんとうに不思議な力をもってる場所‼

一人でいても自由な場所が図書館

かなり長文になってしまった……3年間分あるからまだまだ足りないけど全部書いたらきりないいんで!

生徒のコメントに見る、学校図書館イメージ

卒業生が語った図書館のイメージは、採集方法が方法だけに、ポジティブなものに偏《かたよ》っている。その限界をわかりつつ、彼《かれ》らの語った言葉を分析《ぶんせき》して、キーワードをつけてみた。浮かび上がってきたのは、つぎの8つのイメージだ。

・目的フリーな場所

自由な空間/勉強しなくても調べ物がなくても、ぶらりと寄ってしまう場所/Library Live はラッキーだった。ここで演ってもいいんだ! と思った など

・居場所

憩《いこ》いの場/学校の中でいちばん落ち着く所/行きつけの場所、溜《た》まり場のような存在/私の大切な場所/放課後、部活の前に必ず毎日のように行ってた/なんか、みんな集まってた など

・学校司書と出会う場所

松ユリと音楽の話をしたり/昔《むかし》から、文章を書いたり、エンターテインメントを見るこ

とが好きだった私を早い段階で見抜《みぬ》き、その才能を伸《の》ばしてくれた／アイデアや提案をうまく掬《すく》い上げて、生徒の自己実現や自己分析《ぶんせき》をサポート／行けば松ユリがいて、なんか悩《なや》んでたり考え事を話して聞いてもらってた／そこに行けば、幼い自己顕示欲《けんじよく》を満たしてくれた／図書館の利用方法等ついての講義　など

・本と出合う場所

自分が知らない欲しいものがある場所／直接頼《たの》んだわけじゃなかったのに、私のために選んでくれた建築の本／高い本もリクエストするとしっかり入荷してもらえて、すごくうれしかった　など

・情報交換《こうかん》の場所

交流の場、情報交換《こうかん》の場／同じ趣味《しゅみ》や嗜好《しこう》の先輩《せんぱい》や先生と知り合い、情報交換《こうかん》をする場所／他者の考えや思いにふれる場所・耳を傾《かたむ》ける場所／たくさんの会話があって、アイデアが生まれて、思い出が作られていた　など

・気付きの場所

目から鱗《うろこ》が落ちた／ほかの視点を差し出された／悩《なや》まされていた道筋の答えを見つけた／日常の中で気付かないうちに、いろんな事を学んでたんだって思い返して気付くような、ほんとうに不思議な力をもってる場所　など

・考える場所

自分と他者について考える場所／みがき鍛《きた》える場所／学ぶというより考える場／自由な発想を考えるためのヒントをみんなからもらって考えてた　など

・多様性が守られている場所

自分が自由にふるまえる場所／いろいろなものがクロスオーバーしてる感じ／「多様性とは何か？」を体感した場所／まったくかかわりがない人たちも同時に同じ空間にいて、おたがいに干渉《かんしょう》しないけど存在は認識している、複数のグループが入り混じっている、仲よくはなくても排除《はいじょ》はしないという、それまでちょっとほかでは体験したことのない場所／教室内ではあいさつすらしない人ともなぜ

集まると笑顔になれる

かおしゃべりが始まる異文化交流地点／先輩《せんぱい》後輩《こうはい》関係なくいろんな人がいた／場所を自然に共有してた感覚／学校生活を送る中での枠《わく》なんて関係ない空間　など

鍵《かぎ》は多様性の担保

世代と学校が異なれば、学校図書館のイメージも違《ちが》うだろうと思ったのだが、予想に反してどの世代、どの学校の卒業生のコメントにも共通要素が多いことに、あらためて驚《おどろ》く。「目的フリーの場所」「居場所」「学校司書と出会う場所」「本と出合う場所」「情報交換《こうかん》の場所」「気付きの場所」「考える場所」「多様性が守られている場所」。どのイメージも、特定の世代と学校の生徒に偏《かたよ》ることなく、語られている。「学校司書と出会う場所」「本と出合う場所」というイメージは、学校図書館としては当然だが、「どのように」学校司書と出会い、本と出合ったかに注目することが重要だ。学校司書との出会いでは、「聞いてもらって」「うまく掬《すく》い上げてサポート」「自己顕示《けんじ》欲を満たしてくれた」というように、指導的ではなく、ファシリテートする姿勢にかかわる記憶が語られている。本との出合いにおいては、「自分が知らない欲しいものがある場所」「直接頼んだわけじゃなかったのに、私のために選んでいてくれた建築の本」というように、そこに学校司書のかかわりが埋《う》めこめれている。「目的フリーの場所」「居場所」「多様性が守られている場所」は、場所を特徴づけるイメージで、「情報交換《こうかん》の場所」「気付きの場所」「考える場所」は、そのような場所で生徒自身が行ったことに起因するイメージである。

　これらのキーワードが示すものが、学校図書館の生徒発の「やりたい」を支える空気を常にリフレッシュするために必要なのだと考えられるが、なかでも鍵《かぎ》になるのは、「多様性が守られている場所」ではないか。多様性が守られているからこそ、目的フリーな居場所となり、情報交換《こうかん》が活発に起こり、気付きも得られる。また、考える。ファシリテーター的な学校司書と出会い、書物に限らず、そこにあるモノやそこにいる人の多様性が担保されるようになると、そこで起こるコトはカラフルになる。生徒の知的創造性も触発されやすくなるだろう。

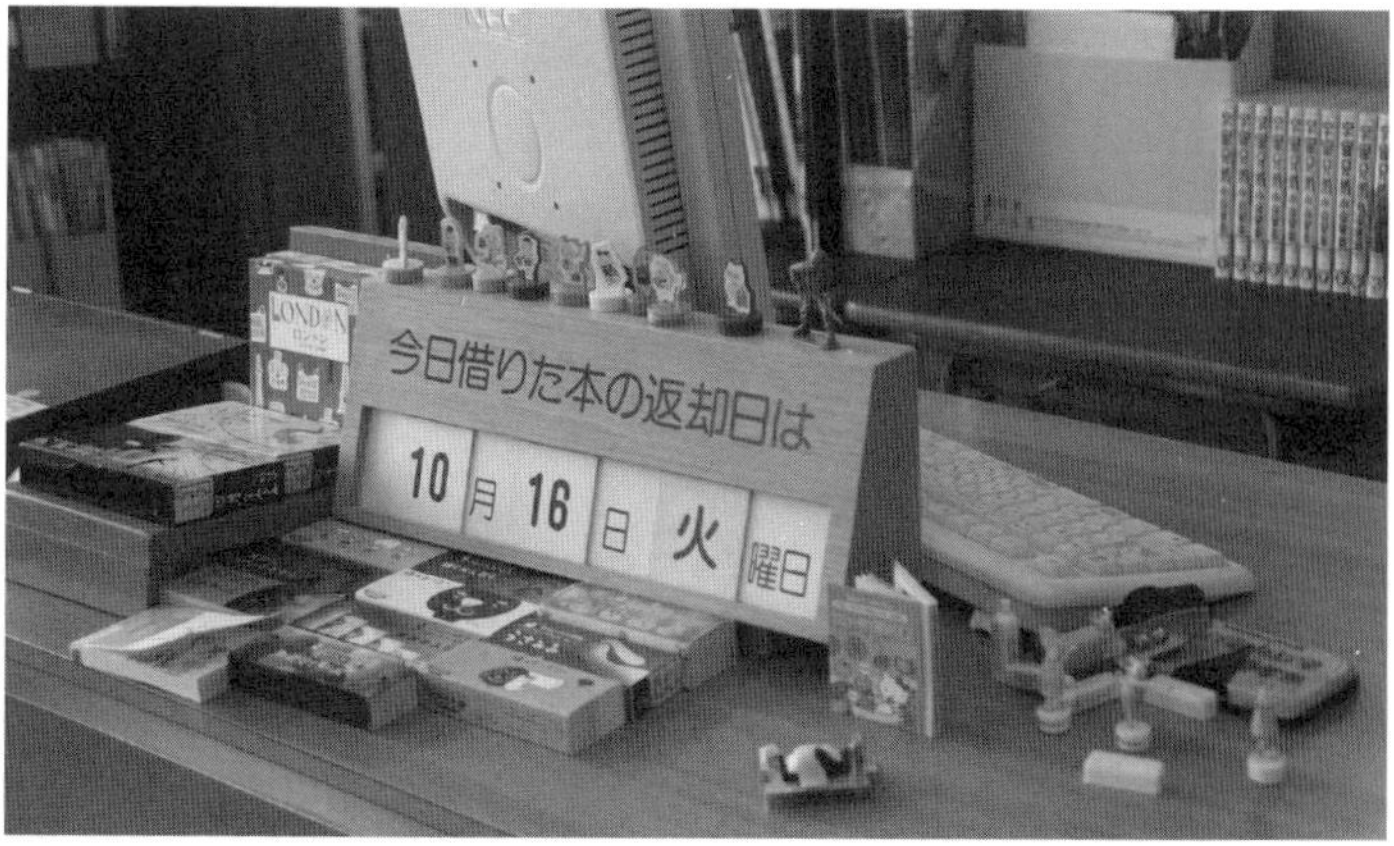

何だろう？　というモノがあるのが学校図書館

学校図書館と学び

興味の入り口が学びの始まり

学校図書館で学んだこととは？

では、生徒たちは学校図書館で何を学んだと考えるのだろうか。彼《かれ》ら自身が学校図書館で学んだこととして語ったことは、具体的なことから抽象《ちゅうしょう》的なものまでさまざまだ（こんなにも、ブラックコーヒーについて語られるとは！）。それをできる限り内容ごとに集約してみると、「本について」「人とのコミュニケーションについて」「多様な文化について」「学校図書館について」「学校司書について」「学校について」「考え方について」という7つのキーワードが浮《う》かび上がってきた。

・本について

本の楽しさ／いろいろな本／本が嫌《きら》いな自分が本を買って読む自分に出会えた／本をき

つかけにして、人間関係が広げられる　など。

・人とのコミュニケーションについて

いろんな人がいて、いろんなこと考えてるんだなー／「知らないモノは怖《こわ》いから敵対心が生まれるが、ちょっとでも実際に接して知ってしまえば安心できる」ということ／一人で悩《なや》まずにいろんな人に頼《たよ》っていいんだってこと／言えば聞いてもらえるんだっていうこと　など。

・多様な文化について

ギターの弾《ひ》き方／バンドの楽しさ／音楽の話／コーヒーってこうやって飲むんだということ　など。

・学校図書館について

本のために、図書館に行かなくていい

・学校司書について

司書って仕事は相談役／生徒でも先生でもない

ぬいぐるみを片手に未知の世界への一冊を

存在　など。

・**学校について**

勉強は、ノートと鉛筆《えんぴつ》と教師ではない／学校＝教室ではない　など。

・**考え方について**

物事をうまく進めるための考える力／何事もやってみないとわからないという心意気など。

学びの始まり

「本について」「学校図書館について」「学校司書について」「考え方について」学んだと語る生徒がいて、それは素直にうれしかった。「学校について」「多様な文化について」学んだと語る生徒がいて、そこがツボだったんかい！　と、ほくそ笑んだ。しかし、「人とのコミュニケーションについて」学んだとこれほどまでに語られることは、少し予想を超《こ》えていた。一方で、やはりそうかという、妙《みょう》に納得する気持ちがある。彼《かれ》らが「多様性が守られている場所」と感じていたことと、そこで学んだと考えていることが、影響《えいきょう》し合っているのだと思われる。興味深いのは、「本をきっかけにして、人間関係が広げられる」という気付きだ。学校図書館では、本も人も、情報を運ぶメディアとして影響《えいきょう》し合いながら機能していることが、伝わっていたのかもしれない。

何を学んだにせよ、注目すべきは、彼《かれ》らの卒業後の生活に、何らかの影響《えいきょう》が見られることである。生徒たちのコメントには、現在に続く学びの始まりについて彷彿《ほうふつ》とさせる言葉がある。

組合運動へと向かわせる出発点／今の私の基盤《きばん》／今も続けている編集者としてのベース。私の人生のターニングポイント／大和西高校の図書館は私がはじめて本の楽しさを覚えたところ。その時から15年くらい経った今でも本が大好きです／書くのは楽しいのでこれからも書いていきたい／図書館でいろいろな人と話してくうちに、知らない人に話しかけてそこから友だちになったりしてって生活を続けてたお陰《かげ》で、今の仕事でも、初対面のお客様に人見知りせずに砕《くだ》けた会話をして、実績に繋《つな》げることができてる

ふだんは意識していなくても、問われれば、「今の私の基盤《きばん》」「人生のターニングポイント」と答えることができるだけの、現在に続く何らかの学びの素が、何人かの学校図書館体験には確かにあったと言えそうだ。

教師と学校図書館

多様なコラボレーションの生まれる場所

教師からのコメント

1章のエピソードに登場した方々を中心に、教師6人に、在職当時の学校図書館にかかわる記憶をひもといてもらった。

児玉智子《こだまともこ》：柿生高校時代の養護教諭《きょうゆ》。文化祭で協働して以来の縁《えん》。

文化祭での協働は、血液製剤《せいざい》によるHIV感染の事実を生徒に広く伝える手段として企《き》画《かく》にかかわる委員会の範囲《はんい》を広げたかったという思いがあった。協働できそうな自由度が図書委員会（司書さん）にあると思ったから。

外部から弁護士を招いて講演会を企画《きかく》し、会場では、キース・ヘリングの物販《ぶっぱん》、保健委員と保健室来室者に縫《ぬ》ってもらったキルト人形を展示。講演会では裁判の原告の発言記録を演劇部に読み上げてもらったテープを会場に流した。録音作業は放送器材にくわしい教員が「本格的にやりましょう」と音質にこだわった器材での協力を惜《お》しまなかった。その教師が「これは本部企画《きかく》に値する」と評価してくれたことは今も覚えている。評価してくれた意味がわからなかった当時の若さが懐《なつか》しい。図書館という身近な知的空間で、生徒は自分の興味や感性を表現し、受け止める大人（司書さん）につながることができていた。

寺尾洋一《てらおよういち》：海老名高校時代の地歴公民科教諭《きょうゆ》。野球部監督《かんとく》。文化祭実行委員としてともに文化祭に燃えて以来の縁《えん》。

当時（現在もかな）、軽音部の顧問《こもん》はなかなかなりてがいないなか、司書さんは率先して顧問《こもん》を引き受け、彼らの居場所が図書館でした。そのなかでひときわ人懐《なつ》っこく「司書さーん」と話しかけていたのが、のちの「いきものがかり」のボーカル吉岡聖恵《よしおかきよえ》でした。生徒と豊富にコミュニケーションをとる司書さんで、年に数回放課後の図書館でライブを開催《かいさい》するなど、とにかく生徒のために開かれた図書館を運営するんだという魂《たましい》を強く感じました。堅《かた》苦しく静寂《せいじゃく》を保つ空間という認識しかなかった私としてはたいへん斬新《ざんしん》な空間でした。今、全国の自治体が新しいタイプの図書館づくりに創意工夫していますが、時代の先端《せんたん》を走ってました。

中澤邦治《なかざわくにじ》：大和西高校時代の地歴公民科教諭《きょうゆ》。通称《つうしょう》ＫＪ。おもしろい授業だけでなく、総合的な学習の時間において校内での仕組みやガイドブックをいっしょにつくった縁《えん》。

司書（以下Ｌ）：ＫＪはどの学校に行ってもあたりまえに学校図書館を使って授業をし続けてきたわけだけど、それはどうして？

中澤（以下ＫＪ）：うーん。教育は本来こうあるべきだけど、学校図書館教育はこうだよねーというような理念的な話じゃない、もっと実存的なもの。学校図書館は、たとえば「もし今、自分の目が見えなくなったとしても、本を読んでやる」みたいな、生きる衝動のようなものが触発される場所。だから、君も楽しめよと。うまく言えないけど、どういうわけだか図書館を使ってるよね。

Ｌ：最近はどんな授業をやってるの？

ＫＪ：LibraryNAVI*を使ってやった授業。これが抜群《ばつぐん》におもしろい教材で。どういうことかというと、これは人に何かを伝えるための媒体《ばいたい》で、個人が感想文などを書くのとはわけが違《ちが》う。コミュニケーションを前提とした活動になる。

授業の最初にLibraryNAVIを説明するために自作の詩を読んだら、ものすごくウケた。

　さみしいときは、ぷらぷら　びろろ～ん
くやしい時も、ぷらぷら　びろろ～ん

＊LibraryNAVI　ライブラリー・ナビ。図書館利用者をナビゲートする、手のひらサイズのじゃばら折りのリーフレット。2002年７月12日に、神奈川県学校図書館員研究会の研究活動から生まれた。筆者は中心メンバーの一人。

かなしいときも、ぷらぷら　びろろ～ん
そして、わくわく、もりもり　ぷらぷら　びろろ～ん

L：大和西の図書館についての記憶《きおく》は？

KJ：生徒がよってたかっていた。蜂《はち》がブンブンとさ、おいしいものに集まるみたいにさ。ああいう感じがいいよね。生徒たちがお弁当を食べていることに最初はさすがにびっくりしたけど、僕《ぼく》自身もそういう場所にしたかったのかもしれない。

L：批評の授業についての記憶《きおく》は？

KJ：自分にとってほんとうによいと思うものをさらけ出すのは、結構恥《は》ずかしい。閉ざされた愛好家のあいだでなら出せるくらいのものを、あの授業ではレポートで出してきて、こちらはそれに対して、ある意味どきっとするみたいな。あれは、生徒が自分で勝手につくっている堀《ほり》を、自分で飛び越《こ》える行《こう》為《い》。だから、きちんと評価してあげないとね。一人ひとりにコメントを返す作業も真剣《しんけん》にならざるをえないというか。うーん、そうやって考えてみると、効率オンリーではない、そういう時間

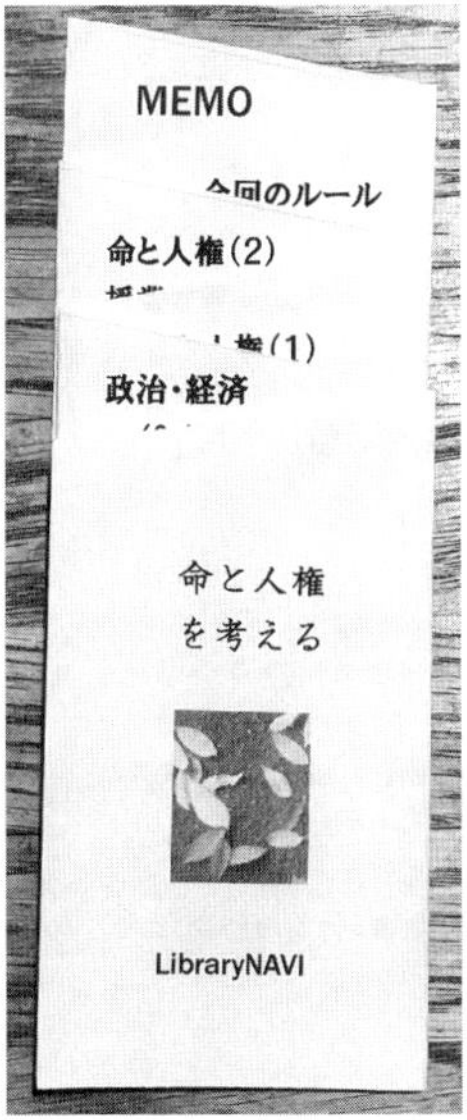

ライブラリー・ナビの案内

を求めて、学校図書館での授業をやり続けているのかもしれないねー。

多田由紀江《ただゆきえ》：大和西高校時代の国語科教諭《きょうゆ》。たくさんのおもしろい授業をいっしょにやった縁《えん》。

司書（以下L）：大和西の学校図書館は、多田さんにとってどんな存在だった?

多田（以下T）：15年前の記憶《きおく》だからねー。それまでは図書館っていうと、国語科教師として読ませる借りさせる、つまり読書っていう切り口でしか見てなかったけれど、実は授業としていろいろさせてもらえるんだなとわかった。

とにかく個性的な松田臭《しゅう》があったけど、それは強烈《きょうれつ》でありながら他を消すわけじゃない。私にとってはむしろ、それを利用して自分臭《しゅう》も出せる場所だった。ロケーションがいいこともあって、開放感と風通しのよさがあった。そして、「いつでもどうぞ」っていう空気があった。それは、いろんな教師がその匂《にお》いと空気にひかれるようにたくさん出入りしていたこともあって、生徒にとってここで話せる相手は司書だけではない、といった自由な雰囲気《ふんいき》につながっていたと思う。その匂《にお》いが嫌《きら》いな生徒は別に話さなくてもいいという自由も保証されていた。あんな狭《せま》い図書館なのに、不思議なくらい広がりを感じた。それは準備室が開放されているということも相まっていた。

学校図書館は学校の中で独立性が高い特殊《とくしゅ》な場所だと思う。独立国家という感じだけれど、それは閉鎖《へいさ》的という意味ではなくて、たとえば教員が教室ではどうしても「指導」せざるを得ない場合があるところを、図書館っていう独立国家では教員でも安心して「支《し》援《えん》」的にかかわれるという、空間としての独立性。小綺麗《こぎれい》じゃないことも何か落ち着く、安心できる空間だった。

それから、学校図書館は特異な世界でもある。目的をもたないどんな生徒もふらりと入って来ることができ、自然と学校司書やたまたまいた教師と話ができちゃう。学校では、ほかのどんな場所でもなかなかそうはいかない。学校司書がいつもいるという点で、教員に余裕《よゆう》がない時安心して生徒を「じゃあ、あとは司書さんと話してね!」とバトンタッチできる。カウンセラーとかそういう専門家じゃないところがむしろ安心だった。スクールメンターに近い位置にいるかと思う。情報をキャッチする信頼《しんらい》できるフィルターがもうひとつ張り巡《めぐ》らされているイメージで、それは生徒と教員という関係性だけじゃなくて、

調べてまとめる生物の授業

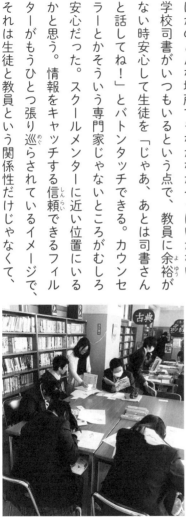

教員と教員という場合にも機能していたと思う。

L：図書館での授業については？

T：研究授業や何かの特別な場合はともかく、日常の授業っていうものの孤独《こどく》感はすごくある。そういう意味で、高校では得難い、TT*が実現していた。大人が2人いるから生徒が手を伸《の》ばしやすくなるし、一方が司書であることで、たとえば、ほかの教員とのコラボとは違《ちが》って生徒にとってのハードルが低くなるというよさがあった。生徒の活動が活発になればなるほど伸《の》びてくる手はどんどん増える。そして生徒は往々にして即時《そくじ》対応がやる気に直結するものなので、頼《たの》もしい相棒の「手」を当てにできることは心強かった。

2人の視点が違《ちが》うだけに下準備が大変だったけど、それだけの効果があることはわかっていたから取り組めた。役割分担は当然あったけど、そこに変な上下関係はなかった。決してサポートされてたのではなく、あくまでTTだった。

学校図書館が教員にとって、輪郭《りんかく》をまだもたない授業のアイデアについて「ねーねー、聞いて」って話ができる場所だったことは、ものすごく先進的だった。日常の業務や生徒への対応に汲々《きゅうきゅう》としている昨今、教職員間のコミュニケーションや情報共有の重要性がさらに叫《さけ》ばれているけれど、現実は、職員室での声掛《こえが》けに「お忙《いそが》しいところすみません」という枕詞《まくらことば》が口を突いて出てしまう雰囲気《ふんいき》だと思う。もっと話をしなきゃ、教育現場なんだ

＊TT　チーム・ティーチング。複数の教師が教えること。

から、と思う。大和西の図書館での歳月は、今思うと、元年という感じ。

L：おー、多田元年！　すごーい！（笑）

百《もも》木《き》彰《あきら》：大和西高校時代及び現田奈高校の国語科教諭《きょうゆ》。

L：大和西高校「読書の時間」について、生徒にとってどうだったと思う？

百木（以下M）：きちんと記録していないので記憶は定かではないけど、断片的に図書館のレイアウトは頭にありますね。「読書の時間」として、紹介《しょうかい》文やポップ作りとかに取り組ませたと記憶《きおく》しています。ただ漫然《まんぜん》と本を読む活動をするより、具体的な目的を持って読ませた方がよく取り組んでいましたね。また取り組み方も生徒によってさまざまで、熱心に取り組むものもいれば、やや息抜きのような気分で取り組むものもいました。いずれにせよ「本との出合い」の時間にはなっていましたね。

L：自分にとっては？

M：「読むこと」の指導の一環《いっかん》として計画しました。自分が図書館好きだから、生徒にも図書館と読書を好きになってほしいという願いもあった。木々に囲まれた大和西の図書館の木《こ》漏《も》れ日の中、本や雑誌を自分自身楽しみました。そして何より松田さんという司書さんの、何でも要望に応えてくれる存在が大きかったと思う。

L：田奈高校ぴっかり図書館については？

M：非常に画期的な取り組みとも言えます。何より生徒が走って飛び込《こ》んで行く場所、生徒の居場所、かけがえのない場所として機能していると感じ、ここにも松田さんという司書さんの人柄《ひとがら》とそのまわりで支える人たちの絆《きずな》が生きていますね。

中野和巳《なかのかずみ》：田奈高校の元学校長。教職員で一、二を争うぴっかり図書館の常連だった縁《えん》。

ぴっかり図書館は校内いちばんの癒《いや》しの空間です。部屋のレイアウト、配色、くつろぎのソファー、何気ない小物の数々、そしてなんといっても柔《やわ》らかな日差しがふり注ぐ空間。ソファーに座ってページをめくると心が緩《ゆる》みます。そして、この思いは生徒たちにも共有されていたに違《ちが》いありません。本を借りたり読んだりする場所だけではない特別な空間。ドアを開けると、ちょっとした発見や気付き、出会いが用意されている場所。今のカフェにつながる雰囲気《ふんいき》が漂《ただよ》っていました。

教師のコメントに見る、学校図書館イメージ

教師が語ったコメントを分析《ぶんせき》して浮《う》かび上がってきたキーワードは、つぎの5つである。

・生徒に開かれた場所

生徒のために開かれた図書館／生徒がよってたかっていた　など

・**教員にも開かれた場所**

僕自身もそういう場所にしたかったのかもしれない／「いつでもどうぞ」っていう空気があった　など

・**安心して自分を表現し、他者とつながれる場所**

生徒は自分の興味や感性を表現し、受け止める大人につながることができた／教員でも安心して「支援《しえん》」的にかかわれるという、空間としての独立性　など

・**知性を触発《しょくはつ》する場所**

身近な知的空間／生きる衝動《しょうどう》のようなものが触発《しょくはつ》される場所　など

・**癒《いや》しの空間**

図書館は校内いちばんの癒《いや》しの空間

教師は、学校図書館のイメージを「生徒に開かれた場所」で、「教員にも開かれた場所」とふり返る。そのような場所だからこそ、生徒も教員も「安心して自分を表現し、他者とつながれる場所」「知性を触発《しょくはつ》する場所」「癒《いや》しの空間」になっていた。

その結果、生徒だけでなく、教職員もが多様に出入りする学校図書館になっており、生徒のさまざまな表現を学校司書とともに支え、授業その他での協働、つまりコラボレーシ

ョンを生み出しやすくしたことがうかがえる。

コラボレーションについて

コラボレーション（collaboration）という言葉は、「co（いっしょに）」と「labor（仕事をする）」を意味する2つの部分から成り立っている。コラボレーションは、生徒の多様な学びを支えるために必須《ひっす》だ。生徒の多様なニーズに、そのつど一人で誠心誠意応えようとすることは、本来不可能だからだ。

学校図書館の資料を使って行う授業において、学校司書と教師がいっしょに仕事をする場合には、「調整」「協力」「コラボレーション」という3つのレベルがある。

「調整」のレベルでは、授業の計画、実行、評価は教師が行う。この場合の「評価」は、生徒の成績をつけることではなく、その授業が生徒の学びにとってどのように効果があったか、つまり、授業プロジェクトそのものの評価のことである。このレベルにおいて、学校司書は、図書館を利用する日程調整や、必要な資料を準備するにとどまる。

「協力」のレベルでは、教師が授業の計画を立てるが、実行する場面では、学校司書も図書館や資料にかかわる部分を手伝う。成果物を学校図書館に掲示《けいじ》することもあるが、授業の評価は、教師が行う。

「コラボレーション」のレベルでは、授業の計画、実行、評価のすべてのプロセスに、教師と学校司書が協働でかかわる。専門性を活かした役割分担はおおまかにあるが、それにとらわれることなく、生徒の学びのために必要な場面場面で、即興《そっきょう》的に対応していくような協働である。そこには、たがいに対する信頼《しんらい》がなくてはならない。

学校司書とのコラボレーションを行った経験のある教師たちのコメントからは、以下のようなことが示唆《しさ》されている。

コラボレーションはまず、「協働できそうな自由度」を感じさせる学校司書が、「何でも要望に応えてくれる存在」として教師から認知されることが重要だ。そして学校図書館が、「輪郭《りんかく》をまだもたない授業のアイデアについて『ねーねー、聞いて』って話ができる場所」となることで、授業において「高校では得難い、TTが実現し」「役割分担は当然あったけど、そこに変な上下関係はな」く、「決してサポートされてたのではなく、あくまでTT」という、専門性の異なる専門職同士の、対等なコラボレーションが生まれやすくなる。さらに、「司書とその周りで支える人たちの絆《きずな》が生きている」場所となることで、授業場面だけでなく、学校図書館におけるすべての学びの場面で、学校司書、教職員、生徒、保護者、学校外部の人それぞれのあいだで、多様なコラボレーションが生まれやすくなる。

学校図書館の使命

コミュニケーションやコラボレーションの生まれる場所が学校図書館

どうしたら「いつでもどうぞ」の空気が醸《かも》し出せるか

生徒たちは、学校図書館が多様性が守られている場所だったと記憶《きおく》し、そこで人とのコミュニケーションを学んだと考えている。教師たちは、学校図書館が生徒にも教師にも開かれている場所だったと記憶《きおく》し、そこで対話やコラボレーションが生まれたと考えている。つまり、生徒も教師も、多くが学校図書館での人とのかかわりやコミュニケーションについて語っていた。

その鍵《かぎ》となるのは、誰《だれ》にでも開かれ、多様性が守られている「いつでもどうぞ」という空気だ。それは、どうしたら醸《かも》し出せるのだろうか？　まず、生徒と教職員の一人ひとりに学校図書館を使う権利があり、その権利を守るという学校司書のポリシーが必須《ひっす》だ。つぎに、学校図書館がすべての来館者にとって居心地のよい場所になることが必要だ。

新年度が始まる4月の図書館は、1年生だけでなく、新2年生、新3年生のニューフェースも増え、雰囲気《ふんいき》づくりが一からリスタートする。たとえば、新3年生男子グループが大人数でやって来たものの、場所になじんでいない感満載《まんさい》であるとしよう。昼休みが始まるといち早く来館して、ソファーを陣取《じんど》る。自分たちが使いやすいようにレイアウトをアレンジする。無理なレイアウトのせいで移動が困難になり、ソファーや椅子《いす》の上を立って移動する。物を手渡《てわた》さずに、投げる。それらを目撃《もくげき》するたびに、「ソファーに立たないで～」「投げないで～」と粘《ねば》り強く声をかけるのだが、なじんでいない生徒ほど、新学期のグループ内パワーバランスの不安定さで、その本心以上に挑発的《ちょうはつてき》に食いついてくる。こちらが危害を加える人間ではないことをわかってもらうまでに、そうした日々が続く。

このようなグループが出現した場合、まわりの生徒たちの反応は、想定内である。1年生の時から常連の3年生女子生徒は、私の顔を心配そうに見て、「先生だいじょうぶ?」と気遣《きづか》いつつ、「あいつら、まだ出禁《できん》ラインじゃない?」と探りを入れてくる。「出禁」という言葉は私の辞書にはないが、「もうちょいようす見る。成長を期待しようと思って」と内緒話《ないしょばなし》のようにこそっと答えると、やれやれという顔でうなずく。場所になじんでいる生徒たちは、いつも居心地よさそうにしている。だから、その居心地のよさをかき乱す新参者に敏感《びんかん》だ。新参者は新参者で、場所になじまないふるまいをすればするほどに、居心地が悪そうである。

しかし、そんなやりとりを粘《ねば》り強く続け、まわりの生徒へのケアも怠《おこた》らないでいると、ある日突然《とつぜん》そのグループがなじんでいる光景に出くわす。ソファーを譲《ゆず》り合って使うこともできるようになっている。それぞれのやり方で、場所になじむ。その時に、ようやくそこは、彼《かれ》らにとって居心地のよい場所になるのである。

思うに学校図書館が誰《だれ》にとっても居心地のよい場所になるためには、３つの条件がある。

・生徒それぞれの、見せかけではない、時間をかけた学びを見守る。

生徒一人ひとりの成長のスピードは違《ちが》う。学校図書館で自分の居心地をよくするためには、それぞれのやり方があるが、そのやり方がなかなかわからない生徒もいる。それを、ルールに従って一律《いちりつ》に叱《しか》ったり、一方的に従わせようとすると、その場限りの従順さを発揮したりするかもしれない。しかし、結局その生徒は自分で考えることをせず、居心地はよくならない。

そして、まわりの生徒がそうした生徒の成長をいっしょに見守ることができるようケアし働きかけること、これが特に重要だ。なぜなら、学校図書館に先になじんでいる生徒は、なじまない生徒を排除《はいじょ》してほしいと考える傾向《けいこう》があるからだ。この「排除《はいじょ》」の思想が、場所の空気を悪くする最大の原因だということを、学校司書が肝《きも》に銘《めい》じる必要がある。生徒が「共生」を学べる環境《かんきょう》をつくらなくてはならない。それには、時間がかかるということを知っている必要がある。

・来館者の行動、感情、関係性の法則に向き合う。

生徒たちは、学校図書館にさまざまな仕方で来館する。一人で、大人数で、2人で。男子と女子ではあきらかに傾向《けいこう》が違《ちが》う。館内での行動にもある種のパターンが見られる。それには、学校内の人間関係が深く影響《えいきょう》している。部活の先輩後輩《せんぱいこうはい》、カップル、学年の違《ちが》う集団などなど。そのような利用者の行動、感情、関係性の法則をよく観察して、それらのパワーバランスを乱暴に無視した働きかけをしようとしないことが大切だ。

・学校の環境《かんきょう》に適合する。

学校図書館は、その設置されてい

生徒の行動や人間関係もいろいろ

る学校によって、求められるものが同じではない。また、同じ学校であっても、年とともに構成メンバーは少しずつ入れ替《か》わる。その時々の学校のカリキュラム、生徒、教職員のニーズに合致《がっち》していることが、利用者の居心地をよくするベースとなる。ただし、学校を相対化することも学校図書館の重要な存在意義なので、適合しすぎないことも肝要《かんよう》である。

生涯《しょうがい》にわたって学び続ける権利

2章でも述べたように、学校図書館は、「楽しさを感じられる活動」「刺激《しげき》や手助けをくれる他者の存在」「環境《かんきょう》にみずから働きかける意欲」が起こりやすい場所だ。卒業生たちや教師たちのコメントには、「楽しさ」「他者の存在」「みずから働きかける意欲」への言《げん》及《きゅう》がたくさん見られる。他者からの刺激《しげき》や協力を得ながら、楽しい活動が生まれるようにみずから働きかけたくなる。そういう環境《かんきょう》さえつくれば、人は学びを学びと意識せずに、学ぶ。そう、授業のようなフォーマルな学びの場にもなる一方、「日常の中で気付かないうちに、いろんな事を学んでたんだって思い返して気付くような、ほんとうに不思議な力をもってる場所!!」というように、インフォーマルな学びの場にもなるのが、学校図書館なのだ。

学校図書館は、学校の中にある図書館である。学校図書館で生徒は、学校にいながらに

校長先生におすすめの本をインタビュー

して、教科書で学んだことを応用したり、相対化するための、時空を超えた情報に出合うことができる。学校にいながらにして、クラスや学年にとらわれない人と人の交流、学校行事の枠《わく》にとらわれない表現、創造を生み出すことができる。学校にいながらにして、教職員以外の大人と出会い、卒業後の社会への足がかりとすることもできる。

まず来館を促《うなが》し、来館したヒトが気付いていないが必要としている情報に出合わせるというプロセスを辿《たど》ることによって、すべての生徒が学校図書館を使う意味と権利に目覚め、生涯にわたる学びの方法のバリエーションを知ることが可能になる。

学ぶ必要のある基礎的な内容や必要とされるリテラシー（知識を活用する力）は、時代と場所によって異なり、また変化する。１００年前の子ど

知りたいと思ったことは調べて知ろう

もたちは、コンピュータの操作について学ぶ必要はなかった。日本では、日本語を学ばないと生活することもままならないが、日本以外の国では、全員には必要ではない。しかし、どのような地域でもいつの時代でも変わらずに、誰《だれ》もが知っていなければならないことがある。それは、人は、生《しょう》涯《がい》にわたって学ぶ権利があるということだ。自分にかかわりがあるすべてのことについて、「あんたはそんなことは知らんでいい」と、ネットに規制をかけられたり、本や資料を読めないように燃やされたり、学校に行けないように脅《おど》されたりしない権利があるということだ。

日本では、学校図書館法という法律によって、学校図書館がすべての学校に設置されている。すべての学校図書館が、子どもたちの多様な、楽しい学びを支援《しえん》するようになれば、子どもたちにとって、学校の中で、自分にとってイミのある学びの選択肢《せんたくし》が増える。そういう子どもたちは、公共図書館やその他の図書館で、新しい学び方に出合えることを知っている大人になる確率が高い。もしも、その図書館が自分にとって使い心地が悪く、イミが見出せないような場所ならば、「こうしてほしい」と言ってもいいということも、知っている。学校図書館で、そうしてもいいことを学んできたはずだからだ。

学校図書館の使命は、子どもたちに、自分が生涯《しょうがい》にわたって学ぶ権利があることを知らせ、学び方の多様な方法に気付かせることである。そして、究極的には、世界中の誰《だれ》もが同じ権利を持っていることに気付かせることなのである。

学びを学ぶためのブックガイド

『新訳版・思考と言語』

レフ・セミョノヴィチ・ヴィゴツキー著
柴田義松翻訳

新読書社、2001年発行

ロシアの心理学者ヴィゴツキーは、学びは他者との関係でより促進されるとする「発達の最近接領域」理論を提唱した。「発達の最近接領域」とは、「他者の助けを借りればできること」と「自分でできること」とのあいだにある心理的な距離のことで、この領域において「他者の助けを借りればできること」が、しだいに「自分でできること」に変わっていくとされている。ヴィゴツキーは、個人の学びのためには、まずは他者の存在が重要だということを示したのであり、この考え方は、現在の多くの学習理論に影響を与えている。

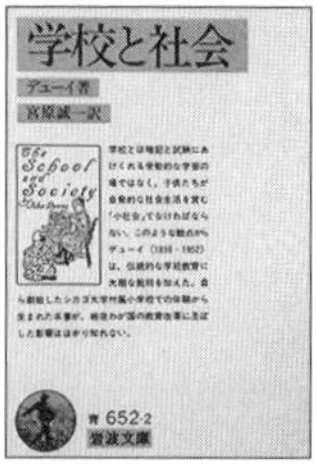

『学校と社会』

ジョン・デューイ著
宮原誠一翻訳

岩波書店、1957年発行

デューイは、学校は社会の縮図と考え、日常生活での経験を拡大することが学校教育の役割であると主張し、日常生活から切り離された教育活動を批判した。デューイの理想とする学校では、日常生活の拠点として1階の中心に図書室が置かれ、そのまわりに「工作室」「織物作業室」「調理室」「食堂」が、2階の中心には「博物室」、まわりに「物理／化学実験室」「生物実験室」「音楽室」「美術室」が配されている。子どもたちは、経験したことをふりかえる場所として、またつぎの実践のための準備の場所として、図書室や博物室を活用することができる。

『状況に埋め込まれた学習
正統的周辺参加』
ジーン・レイヴ、
エティエンヌ・ウェンガー著
福島真人解説

産業図書、1993年発行

人類学者のレイヴと人工知能の研究者のウェンガーは、学習とは、個人の頭の中の情報処理ではなく、徒弟制における熟達者から学ぶ新人のように、共同体への参加過程であるとする状況論的学習論を展開した。この論において、ある実践共同体に参加することを通した学びのプロセスを「正統的周辺参加」と呼ぶ。「周辺参加」とは、最初は周辺的な分担であった新参者が、学習の進展とともに、徐々に中心的な役割を担うようになることを言う。新参者であっても、そのコミュニティにおいては正統なメンバーであるという意味で、「正統的」なのである。

『マインドストーム
子供、コンピューター、そして強力なアイデア』
シーモア・パパート著
奥村喜世子翻訳

未来社、1995年発行

心理学者のピアジェは、人は知識を与えられることで、何かができるようになるのではなく、みずから外の環境に働きかけを行うことで学ぶと考えた。ピアジェの弟子で人工知能の研究者パパートは、どうすれば人は積極的に外の環境に働きかけるようになるかについて考え、LOGOというプログラミング言語を開発して、子どもたちが楽しく学べる環境を作った。本書は、コンピュータ・プログラミングの古典として有用なだけでなく、楽しいことと学びが深く結びついていることを示してくれる。

『精神の生態学』

グレゴリー・ベイトソン著
佐藤良明訳

新思索社、2000年発行

教育学者エンゲストロームは、拡張的学習のモデル化において、ベイトソンの「学習の三つのレベル」（学習Ⅰ・Ⅱ・Ⅲ）を援用している。

・学習Ⅰ：生存のための順応的学習
・学習Ⅱ：問題状況を科学的に解明するための探究的学習
・学習Ⅲ：学び手自身が学びの必要を感じる問題の根源を問うときに参照される拡張的学習

学校図書館における学びは、子どもが学習Ⅰ、学習Ⅱをふまえて、みずからの力で学習Ⅲに向かうような学びのデザインの可能性を示唆する。

『拡張による学習 ―活動理論からのアプローチ』

ユーリア・エンゲストローム ほか著
山住勝広翻訳

新曜社、1999年発行

フィンランドの教育学者エンゲストロームが提唱する「拡張的学習」とは、今ある実践活動の文化的歴史的文脈を拡張し、これまでに存在しなかったような協働的実践活動の新しいパターンを構築する学習活動である。そこにおいて、学習とは「自らが立っている文脈そのもの創りかえること」だ。そのような意味で、拡張的学習とは、「まだそこにないもの」の学びなのだ。

『知の編集工学』

松岡正剛著

朝日新聞社、2001年発行

「編集は人間の活動にひそむ最も基本的な情報技術である」ことをテーマに考えるにあたって、著者は、情報の基本的な3つの動向について以下のように述べる。曰く、「情報は生きている」「情報はひとりではいられない」「情報は途方に暮れている」。つまるところ、情報は関係しあおうとしている。編集とは、これら情報の「関係線」を見つけることなのである。デジタル情報に覆われて生きざるをえない社会にあってこその、アナログとデジタルを分け隔てしない情報編集力の鍛え方を、セイゴーさんが直に指南してくれるかのようである。

『子どもの参画 コミュニティづくりと身近な環境ケアへの参画のための理論と実際』

ロジャー・ハート著
木下勇監修

萌文社、2000年発行

心理学者ロジャー・ハートは、子ども・若者の参画を8つの段階に分けて、はしごの形で図示化した。この「参画のはしご」の特徴は、「参画」の段階だけでなく、「非参画」の段階も示されていることだ。重要なことは、たとえば「形だけの参画」や「お飾り参画」のような「非参画」の段階を意識化して「参画」と混同しないことと、子どもに「参画」の段階の選択権があることである。大人が用意するべきものは、子どもたちが多様な段階の活動を経験できる状態である。

『プレイフル・ラーニング
ワークショップの源流と学びの未来』

上田信行、中原淳著

三省堂、2013年発行

教育工学者の上田信行は、パパートが用意したようなコンピューター上の仮想空間だけでなく、よりリアルで、より物理的な「楽しい」学習環境をつくりたいと考えてきた。風船やカラフルな箱、乾燥パスタなどを使ったワークショップを開発し、また、ワークショップのための環境づくりを通して、「プレイフル・ラーニング」の考え方を広めてきた。「プレイフル・ラーニング」とは、「人々が集い、ともに楽しさを感じるような活動やコミュニケーションを通じて、学び、気づき、変化すること」である。

『驚くべき学びの世界
レッジョ・エミリアの幼児教育』

佐藤学監修
ワタリウム美術館編集

東京カレンダー、2013年発行

レッジョ・エミリアとは、北イタリアの小さな都市の名前である。ここで行われてきた「アートの創造的経験」を通じて子どもたちの潜在的可能性を最大限に引き出そうとする教育方法を、レッジョ・エミリア・アプローチという。教育の方法というよりも、学習環境と学びの関係を考えるのに役に立つ。

〈学びを学ぶためのブックガイド掲載以外の参考文献〉

1章

『いま』大橋仁、青幻社、2005年

『戦争文学を読む――小学校編』斎藤美奈子、SIGHT　vol. 17、2003年、p. 162-163

『所沢高校の730日』所沢高校卒業生有志・淡路智典、創出版、1999年

『批評の事情――不良のための論壇案内』永江朗、原書房、2001年

「〈ひろば〉論再考」松田ユリ子、がくと　vol. 30、2014年、p. 41-52

『司書になるには』森智彦、ぺりかん社、2016年

Matsuda, Yuriko. *Media Literacy Practice in the Public High School Library.* chapter2 of *Youth-serving libraries in Japan, Russia, and the United States.* edited by Lesley S. J. Farmer, Natalia Gendina, Yuriko Nakamura. Scarecrow Press, 2012.

2章

『インフォメーション・パワーが教育を変える！――学校図書館の再生から始まる学校改革』アメリカ公教育ネットワーク他、高陵社書店、2003年

『開かれた学びへの出発―21世紀の学校の役割―』市川伸一、金子書房、1998年

『学びとは何か――探究人になるために』今井むつみ、岩波書店、2016年

『「学び」の構造』佐伯胖、岩波書店、1985年

『表現者として育つ』佐伯胖ほか、東京大学出版会、2001年

「高校生の潜在的ニーズを顕在化させる学校図書館での交流相談：普通科課題集中校における実践的フィールドワーク」鈴木晶子・松田ユリ子・石井正宏、生涯学習基盤経営研究　vol. 38、2013年、p. 1-17

『学校司書という仕事』高橋恵美子、青弓社、2017年

「ぴっかりカフェが学校図書館にもたらした意義の検討」松田ユリ子、「神奈川県立田奈高等学校での生徒支援の新たな試み―図書館でのカフェによる交流相談を中心に―」高橋寛人ほか、平成27年度教員地域貢献活動支援事業報告書、横浜市立大学、2017年、第4章 p. 26-32

http://www.yokohamacu.ac.jp/lc_center/academic/kyouin_chiikikouken/pdf/h27_tana_high_cafe.pdf（参照2017-12-07）.

「生徒の自立した豊かな生活へのプラットフォームをつくる」松田ユリ子、『多様性と出会う学校図書館――一人ひとりの自立を支える合理的配慮へのアプローチ』野口武悟・成松一郎、読書工房、2015年、p. 108-117

「学力下位校における〈探究学習〉の事例的研究：学習意欲に注目して」松田

ユリ子・吉田美穂、東京大学大学院教育学研究科紀要　vol. 54、2015年、p. 179-190
『インフォーマル学習』山内祐平ほか、ミネルヴァ書房、2016年
『教師のチームワークを成功させる6つの技法』パティ・リー、誠信書房、2015年
Matsuda, Yuriko. *Café in a school library: how to strengthen links with school and society.* Paper presented at: IFLA WLIC 2017 – Wrocław, Poland – Libraries. Solidarity. Society. in Session 112 – Poster Sessions.
http://library.ifla.org/2011/

3章

『知の広場 新装版』アントネッラ・アンニョリ、みすず書房、2017年
『拝啓　市長さま、こんな図書館をつくりましょう』アントネッラ・アンニョリ、みすず書房、2016年
『Café から時代はつくられる　新版』飯田美樹、いなほ出版、2009年
『サードプレイス——コミュニティの核になる「とびきり居心地よい場所」』レイ・オルデンバーグ、みすず書房、2013年
『教育としての学校図書館』塩見昇、青木書店、1983年
『教育を変える学校図書館』塩見昇、風間書房、2006年
『未来をつくる図書館』菅谷明子、岩波書店、2003年
『みんなでつくろう学校図書館』成田康子、岩波書店、2012年
『情報リテラシーのための図書館』根本彰、みすず書房、2017年
「学校図書館におけるコミュニティ形成プロセス」松田ユリ子、現代の図書館 vol. 55、no. 3、2017年、p. 130-137
「高等学校の学校図書館を対象とした実践研究」松田ユリ子、『学校図書館への研究アプローチ』日本図書館情報学研究委員会、勉誠出版、2017年　第8章、p. 133-149
『学校図書館教育のデザイン』森田英嗣、アドバンテージサーバー、2001年
『デンマークのにぎやかな公共図書館——平等・共有・セルフヘルプを実現する場所』吉田右子、新評論、2010年
「LibraryNAVI アーカイブ」、ライブラリーナビ研究会、http://librarynavi.seesaa.net
Buschman, John E. et al. *The Library As Place: History, Community And Culture*. Libraries Unltd Inc. 2006.
Lankes, R. David. *The Atlas of New Librarianship*. The MIT Press, 2011.
Lankes, R. David. *The New Librarianship Field Guide*. The MIT Press, 2016.

［著者紹介］

松田ユリ子（まつだ ゆりこ）

山形県生まれ。東北大学文学部英文学科卒業後、図書館情報大学（現・筑波大学）専攻科にて司書資格取得。神奈川県に司書として採用され、5つの県立高校の学校図書館に学校司書として勤務。勤務の傍ら、横浜国立大学大学院にて教育学修士号取得。東京大学大学院教育学研究科博士課程単位取得満期退学。神奈川県立田奈高等学校学校司書。法政大学キャリアデザイン学部兼任講師。NPOパノラマ理事。主な共著書に、『問いをつくるスパイラル―考えることから探究学習をはじめよう！』（日本図書館協会）、『学生のレポート・論文作成トレーニング改訂版　スキルを学ぶ21のワーク』（実教出版）等がある。

学校図書館《がっこうとしょかん》はカラフルな学《まな》びの場《ば》

2018年 3月10日　初版第1刷発行

著　者　松田ユリ子
発行者　廣嶋武人
発行所　株式会社ぺりかん社
〒113-0033　東京都文京区本郷1-28-36
TEL 03-3814-8515（営業）
03-3814-8732（編集）
http://www.perikansha.co.jp/
印刷所　株式会社太平印刷社
製本所　鶴亀製本株式会社

ISBN978-4-8315-1502-5　Printed in Japan

＊「なるにはBOOKS」シリーズは重版の際、最新の情報をもとに、データを更新しています。

【なるにはBOOKS】 税別価格 1170円～1600円

❶——パイロット
❷——客室乗務員
❸——ファッションデザイナー
❹——冒険家
❺——美容師・理容師
❻——アナウンサー
❼——マンガ家
❽——船長・機関長
❾——映画監督
❿——通訳・通訳ガイド
⓫——グラフィックデザイナー
⓬——医師
⓭——看護師
⓮——料理人
⓯——俳優
⓰——保育士
⓱——ジャーナリスト
⓲——エンジニア
⓳——司書
⓴——国家公務員
㉑——弁護士
㉒——工芸家
㉓——外交官
㉔——コンピュータ技術者
㉕——自動車整備士
㉖——鉄道員
㉗——学術研究者(人文・社会科学系)
㉘——公認会計士
㉙——小学校教師
㉚——音楽家
㉛——フォトグラファー
㉜——建築技術者
㉝——作家
㉞——管理栄養士・栄養士
㉟——販売員・ファッションアドバイザー
㊱——政治家
㊲——環境スペシャリスト
㊳——印刷技術者
㊴——美術家
㊵——弁理士
㊶——編集者
㊷——陶芸家
㊸——秘書
㊹——商社マン
㊺——漁師
㊻——農業者
㊼——歯科衛生士・歯科技工士
㊽——警察官
㊾——伝統芸能家
㊿——鍼灸師・マッサージ師
51——青年海外協力隊員
52——広告マン
53——声優
54——スタイリスト
55——不動産鑑定士・宅地建物取引主任者
56——幼稚園教師
57——ツアーコンダクター
58——薬剤師
59——インテリアコーディネーター
60——スポーツインストラクター
61——社会福祉士・精神保健福祉士
62——中小企業診断士
63——社会保険労務士
64——旅行業務取扱管理者
65——地方公務員
66——特別支援学校教師
67——理学療法士
68——獣医師
69——インダストリアルデザイナー
70——グリーンコーディネーター
71——映像技術者
72——棋士
73——自然保護レンジャー
74——力士
75——宗教家
76——CGクリエータ
77——サイエンティスト
78——イベントプロデューサー
79——パン屋さん
80——翻訳家
81——臨床心理士
82——モデル
83——国際公務員
84——日本語教師
85——落語家
86——歯科医師
87——ホテルマン
88——消防官
89——中学校・高校教師
90——動物看護師
91——ドッグトレーナー・犬の訓練士
92——動物園飼育員・水族館飼育員
93——フードコーディネーター
94——シナリオライター・放送作家
95——ソムリエ・バーテンダー
96——お笑いタレント
97——作業療法士
98——通関士
99——杜氏
100——介護福祉士
101——ゲームクリエータ
102——マルチメディアクリエータ
103——ウェブクリエータ
104——花屋さん
105——保健師・養護教諭
106——税理士
107——司法書士
108——行政書士
109——宇宙飛行士
110——学芸員
111——アニメクリエータ
112——臨床検査技師
113——言語聴覚士
114——自衛官
115——ダンサー
116——ジョッキー・調教師
117——プロゴルファー
118——カフェオーナー・カフェスタッフ・バリスタ
119——イラストレーター
120——プロサッカー選手
121——海上保安官
122——競輪選手
123——建築家
124——おもちゃクリエータ
125——音響技術者
126——ロボット技術者
127——ブライダルコーディネーター
128——ミュージシャン
129——ケアマネジャー
130——検察官
131——レーシングドライバー
132——裁判官
133——プロ野球選手
134——パティシエ
135——ライター
136——トリマー
137——ネイリスト
138——社会起業家
139——絵本作家
140——銀行員
141——警備員・セキュリティスタッフ
142——観光ガイド
143——理系学術研究者
144——気象予報士・予報官
145——ビルメンテナンススタッフ
146——義肢装具士
147——助産師
148——グランドスタッフ
149——診療放射線技師
150——視能訓練士
補巻5 「運転」で働く
補巻6 テレビ業界で働く
補巻8 映画業界で働く
補巻10 「教育」で働く
補巻11 環境技術で働く
補巻12 「物流」で働く
補巻13 NPO法人で働く
補巻14 子どもと働く
補巻15 葬祭業界で働く
補巻16 アウトドアで働く
補巻17 イベントの仕事で働く
補巻18 東南アジアで働く
補巻19 魚市場で働く
別巻 働く時のルールと権利
別巻 就職へのレッスン
別巻 数学は「働く力」
別巻 働くための「話す・聞く」
別巻 中高生からの選挙入門
別巻 小中高生におすすめの本300
別巻 学校図書館はカラフルな学びの場

【大学 学部調べ】
●——看護学部・保健医療学部
●——理学部・理工学部
●——社会学部・観光学部
●——文学部

一部品切中のものがございます。在庫につきましては、小社営業部までお問い合わせください。 18.02.